みんなの俳句がいっぱい！

学校歳時記

3 夏の季語

監修　筑波大学附属小学校　白坂洋一

協力　現代俳句協会　秋尾敏

夏井いつき（選・鑑賞）

はじめに

四季《しき》を通《とお》して、わたしたちは自然《しぜん》とともに生活《せいかつ》しています。この『みんなの俳句《はいく》がいっぱい！　学校歳時記《がっこうさいじき》』には、学校《がっこう》での生活《せいかつ》を中心《ちゅうしん》とした一《いち》年間《ねんかん》の行事《ぎょうじ》や自然《しぜん》の様子《ようす》などをまとめています。季節《きせつ》の移《うつ》り変《か》わりとともにわたしたちが感《かん》じる心《こころ》、さらには、くらしの知恵《ちえ》がつまっていると言《い》っていいでしょう。

この本《ほん》には、俳句《はいく》において季節《きせつ》を表《あらわ》す言葉《ことば》である「季語《きご》」だけでなく、実際《じっさい》に小《しょう》・中学生《ちゅうがくせい》の子《こ》どもたちがつくった俳句《はいく》も数多《かずおお》く紹介《しょうかい》しています。みなさんが俳句《はいく》を創作《そうさく》するとき、この歳時記《さいじき》を参考《さんこう》にしてみるのもよいでしょう。ページをめくるたびに、「これって夏《なつ》の季語《きご》なんだ！」「これも季《き》節《せつ》を表《あらわ》す言葉《ことば》なの？」とおどろきや発見《はっけん》があるかもしれません。そして、日本語《にほんご》の豊《ゆた》かさに感動《かんどう》を覚《おぼ》えることでしょう。

あなたの「おどろきや発見《はっけん》」は「感動《かんどう》」へとつながっていくのです。

さあ、みなさんも『みんなの俳句《はいく》がいっぱい！　学校歳時記《がっこうさいじき》』のページをめくって、俳句《はいく》の世界《せかい》へ飛《と》びこみましょう！

筑波大学附属小学校《つくばだいがくふぞくしょうがっこう》　白坂洋一《しらさかよういち》

この本《ほん》によく出《で》てくる言葉《ことば》について

● 二十四節気《にじゅうしせっき》

旧暦《きゅうれき》を用《もち》いていた時代《じだい》に使《つか》われた季節区分《きせつくぶん》のひとつ。地球《ちきゅう》から見《み》た太陽《たいよう》の通《とお》り道《みち》を黄道《こうどう》といい、太陽《たいよう》が黄道《こうどう》のどの位置《いち》にあるかによって、二十四《にじゅうよん》の季節《きせつ》に分《わ》けたもの。

※二十四節気《にじゅうしせっき》については、1巻《かん》でくわしく説明《せつめい》しています。

● 旧暦《きゅうれき》

明治時代《めいじじだい》の初《はじ》めまで使《つか》われていた昔《むかし》の暦《こよみ》。月《つき》の満《み》ち欠《か》けで一月《ひとつき》の長《なが》さを決《き》めていたので、毎年《まいとし》、暦《こよみ》と実際《じっさい》の季節《きせつ》がずれていった。そこで数年《すうねん》に一度《いちど》、うるう月《づき》を入《い》れ、一年《いちねん》を十三《じゅうさん》か月《げつ》とし、調整《ちょうせい》していた。旧暦《きゅうれき》と現在《げんざい》の暦《こよみ》は、約一《やくいっ》か月《げつ》ほどずれている。

この本《ほん》の使《つか》い方《かた》

この本《ほん》では、夏《なつ》の季語《きご》を「夏《なつ》の思《おも》い出《で》」「くらし・たべもの」「生《い》きもの」「おてんき」「おもしろい言葉《ことば》」の5章《しょう》に分《わ》けて紹介《しょうかい》しています。

季語《きご》（見《み》出《だ》し）
季語《きご》とその意味《いみ》を解説《かいせつ》しています。

こんな季語《きご》もあるよ
見出《みだ》しの季語《きご》に関連《かんれん》する、ほかの季語《きご》を紹介《しょうかい》しています。

例句《れいく》
季語《きご》を使《つか》った俳句《はいく》を紹介《しょうかい》しています。

みんなの俳句《はいく》
小学生《しょうがくせい》、中学生《ちゅうがくせい》がつくった俳句《はいく》を紹介《しょうかい》しています。読《よ》んで楽《たの》しむのはもちろん、俳句《はいく》づくりの参考《さんこう》にもなります。

こどもの日 初
五月五日、子どもが元気に育つように願う日。国民の祝日のひとつ。もともと男の子のお祝いをする行事の「端午の節句」だったが、第二次世界大戦後の昭和二十三年にこどもの日となり、男女の区別なく祝われるようになった。
こんな季語もあるよ
こいのぼり　端午の節句
こいのぼり空をおよいで何見てる　小二　りおな
母の日 初
五月の第二日曜日、母に感謝する日。カーネーションを贈る風習がある。アメリカの風習が、大正初期に伝わり、昭和初期に三月六日を母の日とした。第二次世界大戦後、五月の第二日曜となった。
母の日につたえたいのは大すきだ　小二　ねこ
父の日 仲
六月の第三日曜日、父に感謝する日。母の日が広まったあとに、アメリカで父の日もつくられた。第二次世界大戦後、日本でもおこなわれるようになった。
サプライズ私の笑顔父の日に　小五　樹の子
10
みんなの俳句
ひまわりがよこにならんでごあいさつ　小三　メープルシロップ
よう虫がせみになったよ母の気分　小三　天野夏海
水やりでホースが作るにじの空　小二　風花
昼休みセミと一緒に合奏だ　小六　和泉光一郎
どんなあじぼくのそだてたミニトマト　小二　田村海駆
11

時期《じき》のアイコン
夏《なつ》を「初夏《しょか》」「仲夏《ちゅうか》」「晩夏《ばんか》」「三夏《さんか》」の4つに分《わ》けて、どの時期《じき》の季語《きご》かを示《しめ》しています。

- 初 →初夏《しょか》（立夏《りっか》から芒種《ぼうしゅ》の前日《ぜんじつ》まで）
- 仲 →仲夏《ちゅうか》（芒種《ぼうしゅ》から小暑《しょうしょ》の前日《ぜんじつ》まで）
- 晩 →晩夏《ばんか》（小暑《しょうしょ》から立秋《りっしゅう》の前日《ぜんじつ》まで）
- 三 →三夏《さんか》（夏全体《なつぜんたい》）

夏井いつきの
俳句教室 ①
大暑だたいようパネルかつやくだ　小二　牛
ここがすてき！
「大暑」は「たいしょ」と読み、俳句の暦で「秋」になる前の夏の最後の期間を指します。一年でもっとも気温の高いころなので、太陽もますますギラギラ光っています。太陽光パネルの並んだ光景も想像できて、パネルに反射する太陽が、さらにまぶしく感じられる句です。
もったいないのは、上五「大暑だ」が一音足りないこと。「大暑くる」とすれば、ちょうど五音。調べがよくなります。
もっとよくするには…
「かつやくだ」と説明するよりも、そこになにがあるのか、写真を撮るように、言葉でスケッチしてみましょう。
例えば、「たいようパネル」が何枚あるのか数えてみましょう。数えられない場合は、太陽光パネルの数を大人に質問してみましょう。「五十枚」なら、ぴったり五音。「百枚」なら、「百枚だ」と五音に整えることもできますよ。
写真を撮るようにスケッチしよう
数えてみよう
何枚ある？
・五十枚
・百枚だ
こうしてみよう
大暑くるたいようパネル○○○○○
12

夏井先生《なついせんせい》の俳句教室《はいくきょうしつ》
章末《しょうまつ》には俳人《はいじん》・夏井《なつい》いつき先生《せんせい》が、子《こ》どもがつくった俳句《はいく》にアドバイスするページを設《もう》けています。俳句《はいく》づくりのヒントを知《し》ることができます。

575

ぼくはハイキング。俳句《はいく》が大好《だいす》き。ぼくといっしょに俳句《はいく》や季語《きご》について勉強《べんきょう》しよう。

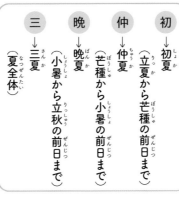

もくじ

1章《しょう》

夏《なつ》の思《おも》い出《で》

夏休《なつやす》み

晩

日本《にほん》の多《おお》くの小中学校《しょうちゅうがっこう》では、七月《しちがつ》の終《お》わりごろから八月《はちがつ》いっぱいまで夏休《なつやす》みになる。大人《おとな》も盆《ぼん》（↓4巻《かん》）の時期《じき》に夏休《なつやす》みをとることが多《おお》い。宿題《しゅくだい》もたくさん出《で》るので、夏休《なつやす》み最後《さいご》の日《ひ》にあわてないように計画的《けいかくてき》に取《と》り組《く》もう。

こんな季語《きご》もあるよ

暑中休暇《しょちゅうきゅうか》　暑中休《しょちゅうやす》み　夏季休暇《かききゅうか》

足音《あしおと》が大《おお》きくなってる夏休《なつやす》み　中三《ちゅうさん》　深津佑美

海水浴《かいすいよく》

晩

海《うみ》に行《い》って泳《およ》いだり、浜辺《はまべ》で日光浴《にっこうよく》を楽《たの》しんだりすること。西洋《せいよう》から伝《つた》わり、当初《とうしょ》は遊《あそ》びではなく療養《りょうよう》や保養《ほよう》のためにおこなわれていた。日本《にほん》では明治時代《めいじじだい》に入《はい》ってから広《ひろ》まった。

こんな季語《きご》もあるよ

海開《うみびら》き　泳《およ》ぎ　サーフィン

海水浴魚《かいすいよくさかな》と一緒《いっしょ》におおさわぎ

小二《しょうに》　なかま

きもだめし

三

お墓《はか》のようなこわい場所《ばしょ》で、度胸《どきょう》があるかを試《ため》す遊《あそ》び。夏《なつ》の夜《よる》におこなわれる、日本《にほん》の伝統的《でんとうてき》なレクリエーションのひとつ。ヒヤッとこわい思《おも》いをすると暑《あつ》さも吹《ふ》き飛《と》ぶ。

きもだめし友《とも》と手《て》をとり走《はし》り出《だ》す

小四《しょうよん》　なつは

林間学校《りんかんがっこう》

晩

海《うみ》や山《やま》、高原《こうげん》などに行《い》き、登《と》山《ざん》や水泳《すいえい》などの体験《たいけん》をする学《がっ》校行事《こうぎょうじ》。泊《と》まりがけで行《い》くことも多《おお》く、友《とも》だちといっしょに寝《ね》るのもワクワクする。

こんな季《き》語《ご》もあるよ

臨海学校《りんかいがっこう》

眠《ねむ》らない林間学校最後《りんかんがっこうさいご》の日《ひ》

小六《しょうろく》　たいち

キャンプ

晩

山《やま》や川《かわ》などに出《で》かけ、外《そと》にテントを張《は》って泊《と》まること。自《し》然《ぜん》の中《なか》でごはんを食《た》べたり、のんびりしたりして楽《たの》しむ。

こんな季《き》語《ご》もあるよ

登山《とざん》　テント　キャンプファイヤー　バーベキュー

初《はつ》キャンプ思《おも》いでたくさんあふれだす

小三《しょうさん》　ねこずきん

昆虫採集《こんちゅうさいしゅう》

晩

虫取《むしと》りあみをもって野《の》や山《やま》に出《で》かけ、昆虫《こんちゅう》をつかまえること。夏《なつ》の間《あいだ》は、せみやかぶとむしなど、さまざまな昆虫《こんちゅう》をつかまえることができる。

こんな季《き》語《ご》もあるよ

捕虫《ほちゅう》あみ

こうえんで昆虫採集《こんちゅうさいしゅう》あせいっぱい

小一《しょういち》　虫すきろう

プール

晩

人工的《じんこうてき》につくられた水泳場《すいえいじょう》。現在《げんざい》は室内《しつない》の温水《おんすい》プールもあるが、暑《あつ》い夏《なつ》にプールの冷《つめ》たい水《みず》に入《はい》るのはとても気持《きも》ちいい。

こんな季《き》語《ご》もあるよ

プールサイド　水着《みずぎ》　浮《う》きわ　水泳帽《すいえいぼう》

プールの日《ひ》水《みず》の中《なか》ではうちゅう旅行《りょこう》

小五《しょうご》　阿部若菜

祭《まつ》り 三

俳句《はいく》では「祭《まつ》り」とだけいうと夏祭《なつまつ》りを指《さ》し、夏《なつ》の季語《きご》になる。浴衣《ゆかた》を着《き》て、金魚《きんぎょ》すくいや射的《しゃてき》をしたり、わたあめやたこやきを食《た》べたり、祭《まつ》りならではの楽《たの》しみがある。

こんな季語《きご》もあるよ

夏祭《なつまつ》り　祭《まつ》り太鼓《たいこ》　祭《まつ》りばやし　祭《まつ》り笛《ぶえ》
浴衣《ゆかた》　うちわ　花火《はなび》　線香花火《せんこうはなび》

夏祭《なつまつ》りわたがしくらべ弟《おとうと》と

小六《しょうろく》　廣瀬ひかる

こどもの日《ひ》

初

五月五日《ごがついつか》、子《こ》どもが元気《げんき》に育《そだ》つように願《ねが》う日《ひ》。国民《こくみん》の祝日《しゅくじつ》のひとつ。もともと男《おとこ》の子《こ》のお祝《いわ》いをする行事《ぎょうじ》の「端午《たんご》の節句《せっく》」だったが、第二次世界大戦後《だいにじせかいたいせんご》の昭和二十三年《しょうわにじゅうさんねん》にこどもの日《ひ》となり、男女《だんじょ》の区別《くべつ》なく祝《いわ》われるようになった。

こんな季語《きご》もあるよ

こいのぼり　端午《たんご》の節句《せっく》

こいのぼり空《そら》をおよいで何《なに》見《み》てる

小二《しょうに》　りおな

母《はは》の日《ひ》

初

五月《ごがつ》の第二日曜日《だいににちようび》、母《はは》に感謝《かんしゃ》する日《ひ》。カーネーションを贈《おく》る風習《ふうしゅう》がある。アメリカの風習《ふうしゅう》が、大正初期《たいしょうしょき》に伝《つた》わり、昭和初期《しょうわしょき》に三月六日《さんがつむいか》を母《はは》の日《ひ》とした。第二次世界大戦後《だいにじせかいたいせんご》、五月《ごがつ》の第二日曜《だいににちよう》となった。

母《はは》の日《ひ》につたえたいのは大《だい》すきだ

小二《しょうに》　ねこ

父《ちち》の日《ひ》

仲

六月《ろくがつ》の第三日曜日《だいさんにちようび》、父《ちち》に感謝《かんしゃ》する日《ひ》。母《はは》の日《ひ》が広《ひろ》まったあとに、アメリカで父《ちち》の日《ひ》もつくられた。第二次世界大戦後《だいにじせかいたいせんご》、日本《にほん》でもおこなわれるようになった。

サプライズ私《わたし》の笑顔《えがお》父《ちち》の日《ひ》に

小五《しょうご》　樹の子

みんなの俳句

ひまわりがよこにならんでごあいさつ
小三《しょうさん》　メープルシロップ

昼休《ひるやす》みセミと一緒《いっしょ》に合奏《がっそう》だ
小六《しょうろく》　和泉光一郎

よう虫《ちゅう》がせみになったよ母《はは》の気分《きぶん》
小三《しょうさん》　天野夏海

どんなあじぼくのそだてたミニトマト
小二《しょうに》　田村海駆

水《みず》やりでホースが作《つく》るにじの空《そら》
小二《しょうに》　風花

夏井《なつい》いつきの俳句教室《はいくきょうしつ》①

大暑《たいしょ》だたいようパネルかつやくだ

小二《しょうに》　牛

ここがすてき！

「大暑」は「たいしょ」と読《よ》み、俳句《はいく》の暦《こよみ》で「秋《あき》」になる前《まえ》の夏《なつ》の最後《さいご》の期間《きかん》を指《さ》します。一年《いちねん》でもっとも気温《きおん》の高《たか》いころなので、太陽《たいよう》もますますギラギラ光《ひか》っています。太陽光《たいようこう》パネルの並《なら》んだ光景《こうけい》も想像《そうぞう》できて、パネルに反射《はんしゃ》する太陽《たいよう》が、さらにまぶしく感《かん》じられる句《く》です。

もったいないのは、上五《かみご》「大暑《たいしょ》だ」が一音足《いちおんた》りないこと。「大暑《たいしょ》くる」とすれば、ちょうど五音《ごおん》。調《しら》べがよくなります。

もっとよくするには…

「かつやくだ」と説明《せつめい》するよりも、そこになにがあるのか、写真《しゃしん》を撮《と》るように、言葉《ことば》でスケッチしてみましょう。

例《たと》えば、「たいようパネル」が何枚《なんまい》あるのか数《かぞ》えてみましょう。数《かぞ》えられない場合《ばあい》は、太陽光《たいようこう》パネルの数《かず》を大人《おとな》に質問《しつもん》してみましょう。「五十枚《ごじゅうまい》」なら、ぴったり五音《ごおん》。「百枚《ひゃくまい》」なら、「百枚《ひゃくまい》だ」と五《ご》音《おん》に整《ととの》えることもできますよ。

こうしてみよう

大暑《たいしょ》くるたいようパネル〇〇〇〇〇

写真《しゃしん》を撮《と》るように
スケッチしよう
数《かぞ》えてみよう
何枚《なんまい》ある？
・五十枚《ごじゅうまい》
・百枚《ひゃくまい》だ

2章《しょう》

くらし・たべもの

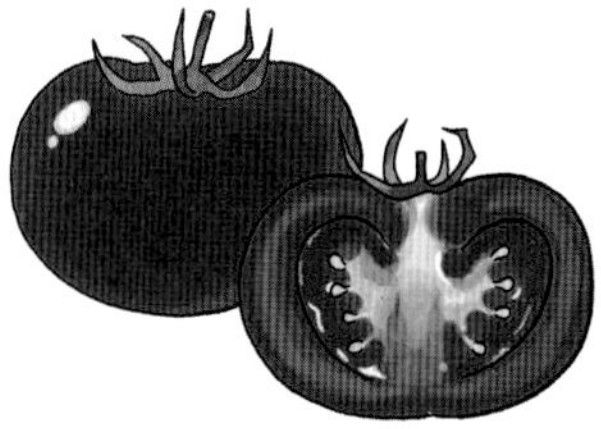

水遊《みずあそ》び

三

水《みず》をかけあったり、水《みず》でっぽうをしたりして遊《あそ》ぶこと。海《うみ》や川《かわ》などだけでなく、家《いえ》の庭《にわ》やベランダでビニール製《せい》のプールに水《みず》をはり、遊《あそ》ぶこともある。

こんな季《き》語《ご》もあるよ

水合戦《みずがっせん》　水《みず》でっぽう　夏《なつ》の川《かわ》

水《みず》あそびはじめて歩《ある》いた弟《おとうと》や

小四《しょうよん》　ことは

はだか

晩

夏《なつ》は暑《あつ》いので、服《ふく》をぬぎたくなることもある。はだしになり、地面《じめん》やゆかの感触《かんしょく》を感《かん》じるのも気持《きも》ちがよい。

こんな季《き》語《ご》もあるよ

はだし

はだかんぼひやけでふくがもうひとつ

小二《しょうに》　中村煌叶

汗《あせ》

三

暑《あつ》い夏《なつ》は脳《のう》が指令《しれい》を出《だ》して、汗《あせ》がたくさん出《で》るようになる。これは、汗《あせ》が蒸発《じょうはつ》するときに体《からだ》の熱《ねつ》をうばい、体温《たいおん》を下《さ》げる役割《やくわり》をしてくれるからである。

ランドセル背中《せなか》に四角汗《しかくあせ》にじみ

中三《ちゅうさん》　小林翠

ボート

三

公園《こうえん》の池《いけ》や湖《みずうみ》、川《かわ》などに浮《う》かべる小《ちい》さな舟《ふね》。オールという水《みず》をかく棒《ぼう》を使《つか》ってこぐものが多《おお》い。足《あし》を使《つか》ってペダルでこぐものもある。

貸《かし》ボート旗赤《はたあか》ければ空青《そらあお》く

竹下《たけした》しづの女《じょ》

草笛《くさぶえ》

三

草《くさ》の葉《は》や木《こ》の葉《は》をくちびるにあて、息《いき》を吹《ふ》きかけ音《おと》をならす遊《あそ》び。思《おも》いどおりの音《おと》を出《だ》せるようになるまで時間《じかん》がかかる。

草笛《くさぶえ》がふけず泣《な》いてた一年生《いちねんせい》

小三《しょうさん》　みお

噴水《ふんすい》

三

広場《ひろば》や公園《こうえん》などに置《お》かれた水《みず》を吹《ふ》きあげるしかけ。日本《にほん》では、江戸時代《えどじだい》の末《すえ》、石川県金沢市《いしかわけんかなざわし》にある兼六園《けんろくえん》につくられたものが最古《さいこ》といわれる。さまざまな形《かたち》があり、音楽《おんがく》と合《あ》わせて水《みず》が動《うご》くようなものもある。暑《あつ》い日《ひ》には、水《みず》のしぶきを見《み》ているだけでもすずしい気持《きも》ちになってくる。

ふんすいがクジラみたいにおよぎ出《だ》す

小一《しょういち》　いつき

風《ふう》鈴《りん》

三

風《かぜ》に吹《ふ》かれるとなるすず。「ちりんちりん」という音《おと》で、すずしい気持《きも》ちにさせてくれる。音《おと》はもちろんのこと、風《かぜ》に吹《ふ》かれてゆれたときの見《み》た目《め》も美《うつく》しい。

風鈴《ふうりん》が私《わたし》の心《こころ》を水色《みずいろ》に

中三《ちゅうさん》　西川祐紀

打《う》ち水《みず》

三

夏《なつ》の暑《あつ》いときに、地面《じめん》に水《みず》をまくこと。まかれた水《みず》が蒸発《じょうはつ》するときに地面《じめん》の熱《ねつ》をうばうので、暑《あつ》さをやわらげる。夕方《ゆうがた》に夏休《なつやす》みのお手伝《てつだ》いとしてするのも楽《たの》しい。

打《う》ち水《みず》やマンホールの絵《え》もすずしそう

小三《しょうさん》　さら

昼《ひる》寝《ね》

三

昼間《ひるま》に少《すこ》しの間《あいだ》、寝《ね》ること。夏《なつ》は暑《あつ》さのせいでつかれやすかったり、夜《よる》はなかなか眠《ねむ》れなかったりすることが多《おお》いが、昼寝《ひるね》をすると頭《あたま》がすっきりして元気《げんき》になる。

ひやひやと壁《かべ》をふまへ（え）て昼寝《ひるね》哉《かな》

松尾芭蕉《まつおばしょう》

日《ひ》焼《や》け

三

太陽《たいよう》の光《ひかり》の影響《えいきょう》で肌《はだ》が黒《くろ》くなること。夏《なつ》の強《つよ》い日差《ひざ》しの下《した》で、元気《げんき》いっぱい遊《あそ》ぶと、肌《はだ》が赤《あか》くほてり、そのあと色《いろ》が変《か》わる。日焼《ひや》けは外《そと》でたくさん遊《あそ》んだ証《あかし》でもある。

日焼《ひや》けした背中《せなか》に地図《ちず》が現《あらわ》れた

中二《ちゅうに》　桜井和也

蚊《か》取《と》り線《せん》香《こう》

三

蚊《か》やアブを追《お》いはらうためにたく線香《せんこう》のこと。最初《さいしょ》は棒《ぼう》の形《かたち》で売《う》り出《だ》されていたが、やがて長《なが》もちし、かさばらないうずまき形《がた》になった。

こんな季語《きご》もあるよ

蚊遣火《かやりび》　蚊火《かび》　蚊《か》いぶし

窓《まど》あけて蚊《か》やりの香《かお》り祖母《そぼ》恋《こい》し

中三《ちゅうさん》　うた

せんぷうき

三

すずしい風《かぜ》を部屋《へや》に届《とど》けてくれる、夏《なつ》に欠《か》かせない機械《きかい》。日本《にほん》では明治《めいじ》二十七年《にじゅうななねん》に発売《はつばい》開始《かいし》し、大正時代《たいしょうじだい》に家庭《かてい》に広《ひろ》まっていった。

宿題《しゅくだい》をとなりで見守《みまも》るせんぷうき

小六《しょうろく》　みずいろひよこ

冷《れい》蔵《ぞう》庫《こ》

三

食《た》べものや飲《の》みものの腐《くさ》りやすい夏《なつ》には欠《か》かせないもの。暑《あつ》い日《ひ》に、冷蔵庫《れいぞうこ》で冷《ひ》やしたものを食《た》べると、生《い》き返《かえ》るような気持《きも》ちになる。

おかえりと母《はは》からふせん冷蔵庫《れいぞうこ》

小五《しょうご》　ひな

暑《しょ》中《ちゅう》見《み》舞《ま》い

晩

暑《あつ》い夏《なつ》の間《あいだ》、親《した》しい人《ひと》に元気《げんき》かたずねる手紙《てがみ》を出《だ》したり、おくりものをしたりする習慣《しゅうかん》のこと。大切《たいせつ》な人《ひと》のことを考《かんが》えるきっかけになる。

まだ来《こ》ぬか土用《どよう》のうなぎと暑中見舞《しょちゅうみま》い

小六《しょうろく》　りく

ころもがえ

初

俳句《はいく》でころもがえというと、服《ふく》を涼《すず》しい夏用《なつよう》のものに変《か》えること。夏《なつ》の服《ふく》はうすくて見《み》た目《め》にも涼《すず》しく、気持《きも》ちが晴《は》れやかになる。制服《せいふく》のある学《がっ》校《こう》では、六月一日《ろくがつついたち》に夏《なつ》の制服《せいふく》にころもがえすることが多《おお》い。

着《き》れぬ服《ふく》成長《せいちょう》したかな衣替《ころもが》え

小四《しょうよん》　瑛剣

日傘《ひがさ》

三

夏《なつ》の日差《ひざ》しを防《ふせ》ぐための傘《かさ》。傘《かさ》の歴史《れきし》は、雨傘《あまがさ》でなく日傘《ひがさ》から始《はじ》まったといわれる。日《に》本古来《ほんこらい》のものは、竹製《たけせい》の骨《ほね》に紙《かみ》や絹《きぬ》を張《は》ってつくられた。

鈴《すず》の音《ね》のかすかにひゞ《(び)》く日傘《ひがさ》かな

飯田蛇笏《いいだだこつ》

夏帽子《なつぼうし》

三

強《つよ》い日差《ひざ》しによる熱中症《ねっちゅうしょう》や日《ひ》焼《や》けを防《ふせ》ぐ。つばの大《おお》きいものや、すずしい素材《そざい》のものなど、いろいろな種類《しゅるい》がある。

こんな季語《きご》もあるよ

麦《むぎ》わら帽子《ぼうし》　カンカン帽《ぼう》

夏帽子太陽《なつぼうしたいよう》よりもでっかいぞ

秋尾敏《あきおびん》

ハンカチ

三

汗《あせ》をたくさんかく夏《なつ》にとくによく使《つか》われる。昔《むかし》は「汗《あせ》ぬぐい」といった。木綿《もめん》や麻《あさ》、絹《きぬ》やレースなどでつくられる。

こんな季語《きご》もあるよ

汗《あせ》ぬぐい　汗《あせ》ふき

ハンカチを母《はは》と選《えら》んで夏《なつ》じたく

小五《しょうご》　つむぎ

香《こう》水《すい》

三

香料《こうりょう》をアルコールにとかしたもので、体《からだ》や服《ふく》などにかけて、香《かお》りを楽《たの》しむ化粧品《けしょうひん》のひとつ。汗《あせ》をかいてにおいが気《き》になりやすい夏《なつ》の季語《きご》になっている。

はじめての香水《こうすい》きみと光《ひか》る海《うみ》

中一《ちゅういち》　しょう

滝《たき》

三

高《たか》いがけの上《うえ》から勢《いきお》いよく落《お》ちる水《みず》の流《なが》れは見《み》た目《め》にも涼《すず》しく、夏《なつ》は水量《すいりょう》も多《おお》いので、夏《なつ》の季語《きご》になっている。暑《あつ》い日《ひ》に山奥《やまおく》で、真《ま》っ白《しろ》なしぶきが散《ち》るのを見《み》ていると、自然《しぜん》の壮大《そうだい》さを感《かん》じる。

神《かみ》にませばまこと美《うる（わ）》はし那智《なち》の滝《たき》

高浜虚子《たかはまきょし》

田《た》植《う》え

仲

水田《すいでん》に稲《いね》の苗《なえ》を植《う》えること。もともと田植《たう》えは、秋《あき》の稲《いね》かりとともに、人手《ひとで》のいる仕事《しごと》だったので、いっせいにおこなわれ、お祭《まつ》りのような行事《ぎょうじ》だった。

田植道《たうえみち》あいさつをして明《あか》るいいね

小六《しょうろく》　小森俊耀

青《あお》田《た》

晩

夏《なつ》の田《た》んぼの青々《あおあお》としていることをいう。稲《いね》が風《かぜ》に吹《ふ》かれて、いっせいにゆれる様子《ようす》は、さわやかな夏《なつ》の風景《ふうけい》のひとつ。

こんな季語《きご》もあるよ

青田風《あおたかぜ》　青田波《あおたなみ》

弟《おとうと》に恋人《こいびと》がいて青田風《あおたかぜ》

小六《しょうろく》　かい

キャベツ

初

葉《は》が密《みつ》になって丸《まる》くなった野《や》菜《さい》。今《いま》は一年中《いちねんじゅう》出回《でまわ》っているが、夏《なつ》のキャベツは葉《は》はあつめでもやわらかくあまい。「紫《むらさき》キャベツ」は冬《ふゆ》の季語《きご》である。

晴《は》れわたる空《そら》とつながるキャベツ畑《ばたけ》

小六《しょうろく》　どさんこ

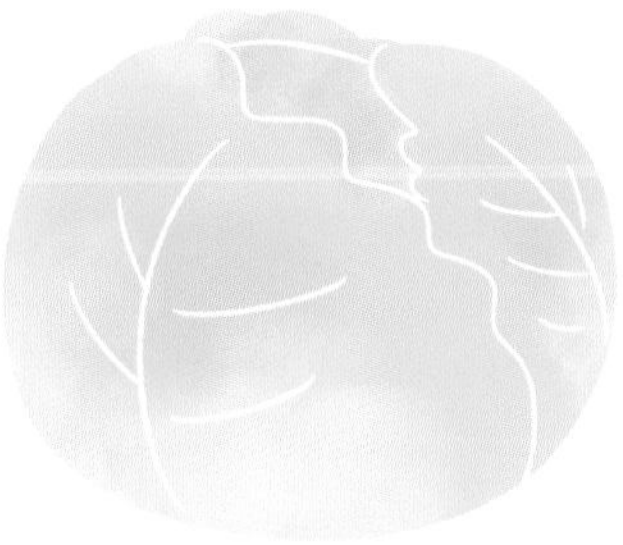

そら豆《まめ》

初

夏《なつ》に収穫《しゅうかく》されることが多《おお》いそら豆《まめ》は、初夏《しょか》を代表《だいひょう》する食《た》べもの。さやを空《そら》に向《む》かってつけるので、この名前《なまえ》がついた。世界最古《せかいさいこ》の農作物《のうさくもつ》のひとつと考《かんが》えられている。

そらまめがみんなならんでいい家族《かぞく》

小五《しょうご》　工藤千聖

たけのこ

初

初夏《しょか》、竹《たけ》の地下《ちか》の茎《くき》から出《で》る新芽《しんめ》のこと。あっという間《ま》に成長《せいちょう》して竹《たけ》になるので、土《つち》から少《すこ》し見《み》えたころにほり出《だ》す。何重《なんじゅう》にもつつまれた皮《かわ》をむいたあと、下《した》ゆでして煮物《にもの》やたけのこご飯《はん》などにして食《た》べる。「春《はる》のたけのこ」という春《はる》の季語《きご》もある。

たけのこはかぐや姫《ひめ》のひみつ基地《きち》

小六《しょうろく》　田口結衣

梅《うめ》干《ぼ》し

晩

梅《うめ》を塩漬《しおづ》けにして日《ひ》に干《ほ》し、梅酢《うめず》に漬《つ》けた、日本《にほん》の伝統的《でんとうてき》な健康食品《けんこうしょくひん》。梅《うめ》は六月《ろくがつ》から七《しち》月《がつ》ごろに収穫《しゅうかく》され、梅干《うめぼ》しがつくられる。食《た》べるとつかれをとってくれるともいわれる。

梅《うめ》干《ぼ》しの酸《す》っぱさ力《ちから》に後半戦《こうはんせん》

中二《ちゅうに》　サッカー部

なす

晩

夏《なつ》から秋《あき》にかけて旬《しゅん》をむかえる野菜《やさい》。なすという名前《なまえ》は実《み》が良《よ》くなることを表《あらわ》す、「為《な》す」「成《な》す」からきている。原産地《げんさんち》はインドで、日本《にほん》でも八世紀《はっせいき》には栽培《さいばい》されていたといわれる。

日《ひ》をあびてどんどん実《みの》れ庭《にわ》のナス

小四《しょうよん》　りょう

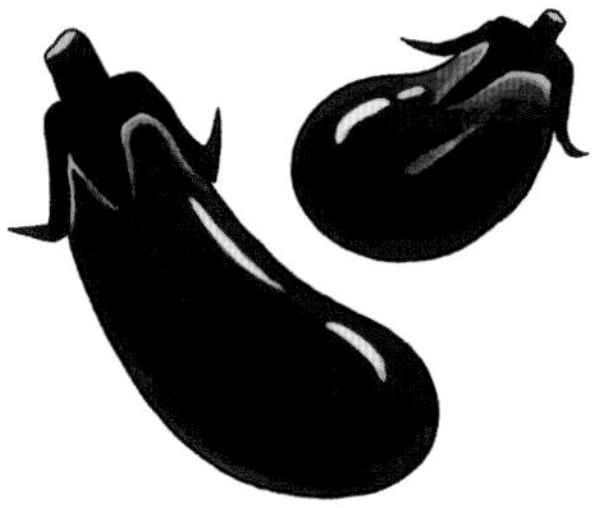

きゅうり

晩

夏《なつ》に旬《しゅん》をむかえる、ウリ科《か》の野菜《やさい》。日本《にほん》には八世紀《はっせいき》ごろ、中国《ちゅうごく》から伝《つた》わり、江戸《えど》時代《じだい》に栽培《さいばい》が本格化《ほんかくか》した。学校《がっこう》の授業《じゅぎょう》で育《そだ》てることもある。

一《ひと》つだけ反《そ》ったキュウリはぼくの心《こころ》

小三《しょうさん》　すい

トマト

晩

赤《あか》い実《み》をつけるナス科《か》の野菜《やさい》。かじりつくと、さわやかな酸《さん》味《み》が口《くち》いっぱいに広《ひろ》がり、夏《なつ》のさわやかさを感《かん》じる。日本《にほん》には江戸《えど》時代《じだい》の初《はじ》めに伝《つた》わったが、そのときは観賞用《かんしょうよう》だったと考《かんが》えられている。

もぎとったトマトの重《おも》さ受《う》け止《と》める

中一《ちゅういち》　地引ひとみ

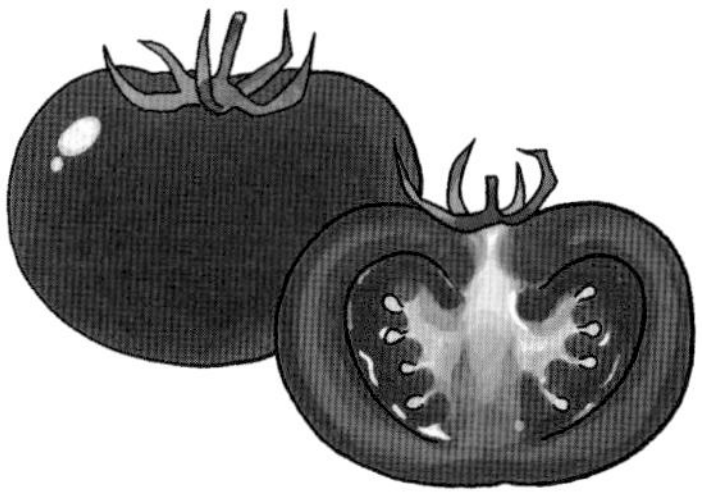

いちご

初

畑《はたけ》で栽培《さいばい》されるいちごの場合《ばあい》、春《はる》に白《しろ》い花《はな》が咲《さ》いたあとにできる果実《かじつ》が、初夏《しょか》に収穫《しゅうかく》される。日本《にほん》には江戸時代《えどじだい》の末《すえ》にオランダから伝《つた》わった。

君《きみ》のこと愛《いと》しく思《おも》う苺《いちご》かな

中二《ちゅうに》　宮野初音

さくらんぼ

仲

セイヨウミザクラという木《き》になるくだもの。五月《ごがつ》から七月《しちがつ》に収穫《しゅうかく》される。日本《にほん》には明治《めいじ》時代《じだい》に伝《つた》わった。あまずっぱい味《あじ》だけでなく、かわいらしい見《み》た目《め》も人気《にんき》である。

さくらんぼ思《おも》い浮《う》かべる友《とも》の顔《かお》

中三《ちゅうさん》　和田瞳

メロン

晩

夏《なつ》が旬《しゅん》のくだもので、特別《とくべつ》あまく、スプーンですくって食《た》べると、ぜいたくな味《あじ》がする。白《しろ》い網目《あみめ》もようのものやオレンジ色《いろ》の実《み》をしたものなど、さまざまな品種《ひんしゅ》がある。

放課後《ほうかご》は母《はは》の病院《びょういん》マスクメロン

中一《ちゅういち》　かおり

バナナ

三

暑《あつ》い地域《ちいき》でとれるくだもので、夏《なつ》に旬《しゅん》をむかえる。現在《げんざい》は、フィリピンや台湾《たいわん》などから輸《ゆ》入《にゅう》したものが、一年中《いちねんじゅう》出回《でまわ》っている。

弟《おとうと》とならんでバナナおるすばん

小三《しょうさん》　こころ

かしわもち　初

おもちであんこをくるみ、柏《かしわ》の葉《は》でつつんだおかし。柏《かしわ》の葉《は》は新芽《しんめ》が出《で》るまで古《ふる》い葉《は》が落《お》ちないので、子孫《しそん》が繁栄《はんえい》するようにという願《ねが》いがこめられている。端午《たんご》の節句《せっく》（↓10ページ）のときに食《た》べる。

給食《きゅうしょく》に葉《は》の美《うつく》しいかしわもち　小三《しょうさん》　やまと

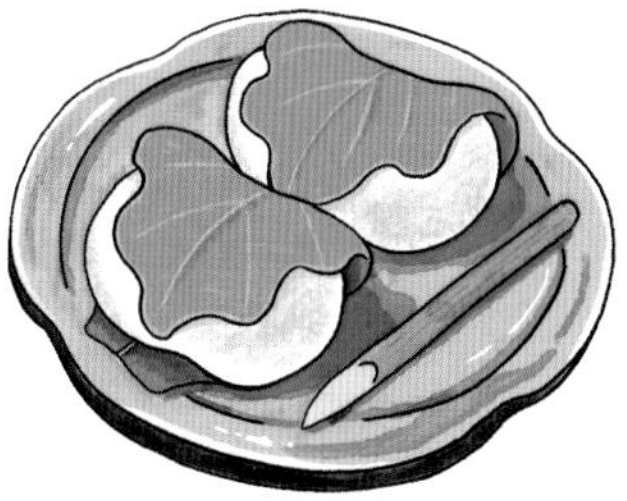

ちまき　初

おもちを笹《ささ》の葉《は》でつつんでむしたおかし。かしわもちと同《おな》じように、端午《たんご》の節句《せっく》のときに食《た》べる。

故郷《ふるさと》は昔《むかし》ながらのちまきかな　高浜虚子《たかはまきょし》

アイスクリーム　三

牛乳《ぎゅうにゅう》やさとう、たまごなどをまぜあわせて凍《こお》らせた冷《つめ》たいおかし。一年中《いちねんじゅう》食《た》べられているが、暑《あつ》い夏《なつ》に食《た》べるものは格別《かくべつ》においしい。

こんな季語《きご》もあるよ　氷菓子《こおりがし》　ソフトクリーム　シャーベット

コンビニのアイスわけあい手《て》をつなぐ　小五《しょうご》　いちご

かき氷《ごおり》　三

氷《こおり》をけずって雪《ゆき》のようにしたものに、いちごやメロン、レモンなどの好《す》きなシロップをかけて食《た》べる。

こんな季語《きご》もあるよ　夏氷《なつごおり》　氷水《こおりみず》

カキ氷《ごおり》溶《と》けるまでに逢《あ》いにゆく　中三《ちゅうさん》　黒田麻由

うなぎ

三

さわるとぬめぬめしている、細長《ほそなが》い魚《さかな》。栄養《えいよう》たっぷりなので、昔《むかし》から夏《なつ》バテ予防《よぼう》の食《た》べものとして有名《ゆうめい》で、土用《どよう》の丑《うし》の日《ひ》に食《た》べる風習《ふうしゅう》がある。

うなぎさん命《いのち》をくれてありがとう

小一《しょういち》　けい

あゆ

三

姿《すがた》の美《うつく》しい川魚《かわざかな》で、夏《なつ》に旬《しゅん》をむかえる。十一月《じゅういちがつ》から六月《ろくがつ》は禁漁《きんりょう》とする場所《ばしょ》も多《おお》く、六《ろく》月《がつ》に漁《りょう》が解禁《かいきん》される。おとりのあゆを使《つか》ってつりあげる友《とも》づりのほか、鵜飼《うか》いという、鳥《とり》を使《つか》ってとる方法《ほうほう》も有名《ゆうめい》。

鮎握《あゆにぎ》り見《み》上《あ》げる空《そら》に青《あお》い雲《くも》

中一《ちゅういち》　みなと

鰹《かつお》

三

日本沿岸《にほんえんがん》で、春《はる》から秋《あき》にかけて黒潮《くろしお》に乗《の》り回遊《かいゆう》する魚《さかな》。夏《なつ》の初《はじ》めのころにとれる鰹《かつお》は「初鰹《はつがつお》」といい、昔《むかし》から特別《とくべつ》な食《た》べものとされてきた。

目《め》には青葉《あおば》山《やま》ほととぎす初鰹《はつがつお》

山口素堂《やまぐちそどう》

すし

三

もともとは、魚《さかな》が腐《くさ》るのを防《ふせ》ぐため、魚《さかな》を塩《しお》や米《こめ》とともに発酵《はっこう》させた保存食品《ほぞんしょくひん》で、魚《さかな》の腐《くさ》りやすい夏《なつ》に重宝《ちょうほう》された。現在《げんざい》はにぎりずしやちらしずしなどさまざまな種類《しゅるい》がある。

こんな季語《きご》もあるよ　にぎりずし　ちらしずし

ふるさとや親《おや》すこやかに鮓《すし》の味《あじ》

正岡子規《まさおかしき》

冷《ひ》ややっこ

三

つめたく冷《ひ》やしたとうふに、生姜《しょうが》や鰹節《かつおぶし》、ねぎなどをのせて、しょうゆをたらして食《た》べる料理《りょうり》。さっぱりとしているので夏《なつ》の暑《あつ》い日《ひ》でも食《た》べやすい。

えんがわでくつろぐ祖父《そふ》に冷《ひ》ややっこ

小四《しょうよん》　のん

冷《ひ》やし中華《ちゅうか》

三

ゆでた中華《ちゅうか》そばの上《うえ》に、たまごやきゅうり、ハムなどの具《ぐ》をのせて、たれをかけて食《た》べるめん料理《りょうり》。「冷《ひ》やし中華《ちゅうか》始《はじ》めました」は夏《なつ》の風物詩《ふうぶつし》。

部活《ぶかつ》あと冷《ひ》やし中華《ちゅうか》に笑顔《えがお》咲《さ》く

中二《ちゅうに》　つばさ

冷《ひ》やそうめん

三

つめたいそうめんのこと。ねぎなどの薬味《やくみ》と一緒《いっしょ》に、だし汁《じる》につけて食《た》べる。暑《あつ》くて食欲《しょくよく》のないときでも、つるりと食《た》べることができ、夏《なつ》の定番料理《ていばんりょうり》となっている。

ひやそうめん水《みず》の中《なか》でのスイミング

小三《しょうさん》　花畑萌々香

新茶《しんちゃ》

初

「茶《ちゃ》つみ」は春《はる》の終《お》わりにおこなわれるので春《はる》の季語《きご》だが、「新茶《しんちゃ》」はそのときつんだ葉《は》で夏《なつ》の初《はじ》めにつくられるので夏《なつ》の季語《きご》。香《かお》りも新鮮《しんせん》で特別《とくべつ》おいしいとされる。

宇治《うじ》に似《に》て山《やま》なつかしき新茶《しんちゃ》かな

各務支考《かがみしこう》

麦茶《むぎちゃ》

三

大麦《おおむぎ》をからつきのまま炒《い》って煮《に》だしてつくるお茶《ちゃ》。冷《ひ》やして飲《の》むことが多《おお》い。香《こう》ばしい味《あじ》で飲《の》みやすく、暑《あつ》さでかわききったのどをうるおしてくれる。

麦茶《むぎちゃ》がねのどのすべり台《だい》すべってく

中一《ちゅういち》　生井翼

ラムネ

三

水《みず》に炭酸《たんさん》ガスをまぜ、さとうや香料《こうりょう》などを加《くわ》えた、しゅわしゅわしたさわやかなあまさの飲《の》みもの。暑《あつ》い日《ひ》に飲《の》むとさわやかな気持《きも》ちにさせてくれる。ラムネびんには、ガラス玉《だま》が入《はい》っていて、飲《の》むときにきこえてくるカラカラという音《おと》もすずしげである。

こんな季語《きご》もあるよ

ソーダ水《すい》　サイダー　冷《ひ》やしラムネ

口《くち》いっぱいラムネのダンスはじまるぞ

小三《しょうさん》　バラ野すずらん

みんなの俳句

虹《にじ》みえたじゆうけんきゅうなにしよう

小二《しょうに》　町田結梨

水面《すいめん》でシンクロ大会《たいかい》あめんぼう

小四《しょうよん》　内野紗江佳

子供《こども》たちまっくろこげこげ炎天下《えんてんか》

小四《しょうよん》　果肉

わたあめが大《おお》きく浮《う》かぶ夏《なつ》の空《そら》

小六《しょうろく》　小手森千紗

かぶとむしあみもつ弟《おとうと》にらみつける

小六《しょうろく》　りん

夏《なつ》井《い》いつきの俳《はい》句《く》教《きょう》室《しつ》②

夕《ゆう》焼《や》けがほめてくれたよがんばった

小四《しょうよん》　愛夏

ここがすてき！

よくがんばった一日《いちにち》。きれいに広《ひろ》がっている夕焼《ゆうや》けが、がんばった自分《じぶん》をほめてくれるように感《かん》じているのですね。

今日《きょう》の出来事《できごと》を思《おも》い出《だ》しながら、家《いえ》に帰《かえ》る途中《とちゅう》に出会《であ》った夕焼《ゆうや》けでしょうか。温《あたた》かい夕焼《ゆうや》けの色《いろ》が、自分《じぶん》を包《つつ》んでくれているように感《かん》じたのかもしれませんね。帰宅後《きたくご》の食卓《しょくたく》では、がんばった話《はなし》だけでなく、美《うつく》しい夕焼《ゆうや》けの話題《わだい》ものぼるにちがいありません。

もっとよくするには…

下五《しもご》が惜《お》しい一句《いっく》です。中七《なかしち》「ほめてくれたよ」で、がんばったことは伝《つた》わりますね。

この句《く》を読《よ》んだ人《ひと》たちは、一体《いったい》なにをがんばったんだろうと、そこを知《し》りたくなります。下五《しもご》の五音《ごおん》を使《つか》って、より具《ぐ》体的《たいてき》に詠《よ》んでみましょう。例《たと》えば「スイミング」「英会話《えいかいわ》」「逆上《さかあ》がり」など、がんばったことを書《か》いてみましょう。

こうしてみよう

夕《ゆう》焼《や》けがほめてくれたよ○○○○○

具《ぐ》体《たい》的《てき》な情《じょう》報《ほう》を入《い》れてみよう

どんなことをがんばった？

・スイミング
・英《えい》会《かい》話《わ》
・逆《さか》上《あ》がり

3章《しょう》

生《い》きもの

新緑《しんりょく》

初

夏《なつ》の初《はじ》めのころの葉《は》っぱの鮮《あざ》やかな緑色《みどりいろ》のこと。つやつやした葉《は》っぱをつけた木《き》を見上《みあ》げると、光《ひかり》に照《て》らされてすけるような葉《は》の色《いろ》が見《み》られる。

こんな季語《きご》もあるよ　緑《みど》さす

自転車《じてんしゃ》で塾《じゅく》まで競走《きょうそう》緑《みどり》さす

小五《しょうご》　まりん

若葉《わかば》

初

夏《なつ》の初《はじ》めに出《で》てくる、新《あたら》しい葉《は》っぱのこと。やわらかくみずみずしい葉《は》からは、生《い》き生《い》きとした感《かん》じが伝《つた》わってくる。

こんな季語《きご》もあるよ　若葉時《わかばどき》　若葉風《わかばかぜ》　若葉雨《わかばあめ》

若葉雨《わかばあめ》鳥《とり》とバス停《てい》雨《あま》やどり

小六《しょうろく》　あおい

万緑《ばんりょく》

三

夏《なつ》の山野《さんや》の、見《み》わたす限《かぎ》りの景色《けしき》が緑《みどり》でいっぱいであることをいう。草木《くさき》に生命力《せいめいりょく》があふれている様子《ようす》が伝《つた》わる力強《ちからづよ》い言葉《ことば》。

まっさおな空《そら》をつきさす万緑《ばんりょく》だ

小六《しょうろく》　鶴岡大

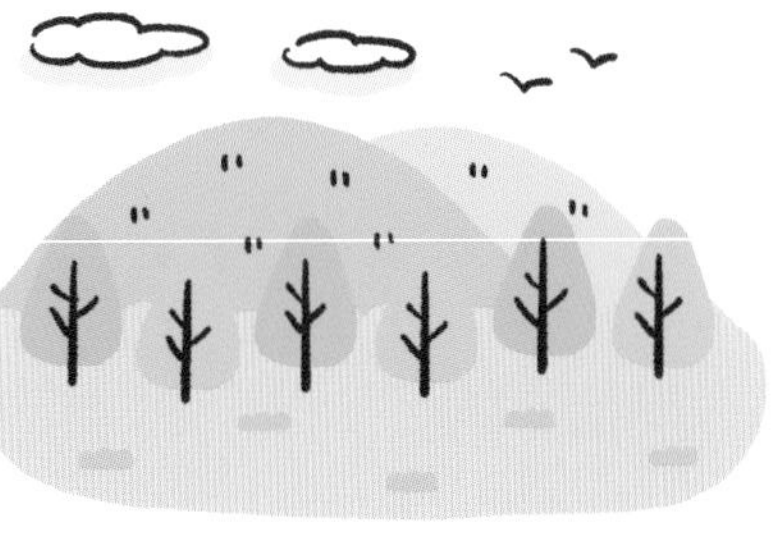

青葉《あおば》

三

夏《なつ》の初《はじ》めの青々《あおあお》と葉《は》がしげっている様子《ようす》のこと。深緑色《ふかみどりいろ》のつやつやした若葉《わかば》が、生《い》き生《い》きと風《かぜ》にゆれている様子《ようす》が夏《なつ》らしい景色《けしき》。

心《こころ》よき青葉《あおば》の風《かぜ》や旅姿《たびすがた》

正岡子規《まさおかしき》

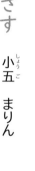

夏草《なつくさ》

三

夏《なつ》に生《は》える草《くさ》のこと。草《くさ》の生《せい》命力《めいりょく》はたくましく、夏《なつ》の強《つよ》い日差《ひざ》しのもとでぐんぐんとのびていく。野原《のはら》を歩《ある》くと、草《くさ》のにおいがしてくるのも、夏《なつ》らしい。

夏草《なつくさ》や兵《つわもの》どもが夢《ゆめ》の跡《あと》

松尾芭蕉《まつおばしょう》

緑陰《りょくいん》

三

夏《なつ》の緑《みどり》の葉《は》っぱがよくしげった木《き》のかげのこと。夏《なつ》の強《つよ》い日差《ひざ》しをさけて木《こ》かげに入《はい》ると、とてもすずしい。

こんな季語《きご》もあるよ　夏木《なつこ》かげ

緑陰《りょくいん》やおいかけっこもひとやすみ

小二《しょうに》　みすず

葉桜《はざくら》

初

桜《さくら》の花《はな》が散《ち》ったあとに出《で》てきた若葉《わかば》のこと。桜《さくら》が散《ち》ってしまったさみしさとともに、すがすがしい夏《なつ》の始《はじ》まりを感《かん》じさせる。

こんな季語《きご》もあるよ　花《はな》は葉《は》に

葉桜《はざくら》とともに生《う》まれしうちの母《はは》

中三《ちゅうさん》　稲垣里穂

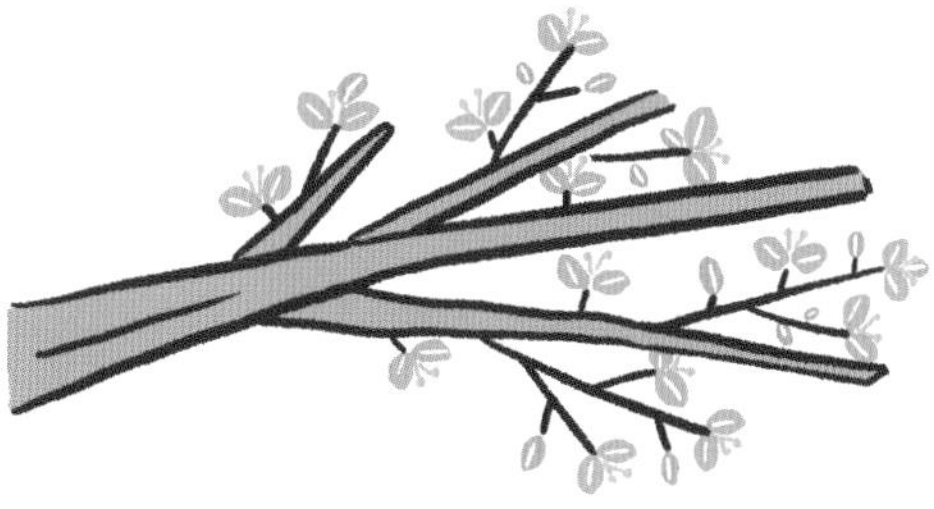

ばら

初

夏《なつ》の初《はじ》めにきれいな色《いろ》の花《はな》を咲《さ》かせる。華《はな》やかで美《うつく》しい見《み》た目《め》と香《かお》りのよさから「花《はな》の女王《じょおう》」ともいわれてきた。茎《くき》にはするどいとげがついている。

バラの花《はな》赤《あか》いスカートひらいてる

小三《しょうさん》　田中一花

ぼたん

初

夏《なつ》の初《はじ》めごろに、何枚《なんまい》もの花《はな》びらが重《かさ》なった大輪《たいりん》の花《はな》をつける。原産国《げんさんこく》の中国《ちゅうごく》では「花《はな》の王《おう》」とよばれ、日本《にほん》でも古《ふる》くから親《した》しまれてきた花《はな》のひとつである。

帰《かえ》り道《みち》母《はは》と雨傘《あまがさ》ぼたん咲《さ》く

小五《しょうご》　ぼうたん

あじさい

仲

梅雨《つゆ》の時期《じき》、青《あお》や紫色《むらさきいろ》の花《はな》を咲《さ》かせる。雨《あめ》の続《つづ》くどんよりした日々《ひび》の中《なか》でも、鮮《あざ》やかに咲《さ》くあじさいの花《はな》の様子《ようす》が気持《きも》ちを明《あか》るくしてくれる。

あじさいが空《そら》の涙《なみだ》待っている

中三《ちゅうさん》　橋場裕香

きょうちくとう

仲

インド原産《げんさん》で鮮《あざ》やかな紅色《べにいろ》の花《はな》を咲《さ》かせる。ほかに白色《しろいろ》や黄色《きいろ》の花《はな》もある。公園《こうえん》や道路《どうろ》沿《ぞ》いによく植《う》えられている。

病人《びょうにん》に夾竹桃《きょうちくとう》の赤《あか》きこと

高浜虚子《たかはまきょし》

すずらん

初

鐘《かね》のような形《かたち》をした白《しろ》い小《ちい》さな花《はな》を、下向《したむ》きにつける。見《み》た目《め》がかわいいだけでなく、香《かお》りもよい。フランスでは五《ご》月一日《がつついたち》、愛《あい》する人《ひと》にすずらんを贈《おく》る習慣《しゅうかん》がある。

下《した》むいてなやんでいるのかすずらんは

小三《しょうさん》　鈴南

カーネーション

初

白《しろ》や赤《あか》などの花《はな》をつける。母《はは》の日《ひ》(→10ページ)に贈《おく》る花《はな》としても親《した》しまれている。古代《こだい》ギリシャ・ローマ時代《じだい》のころから栽培《さいばい》されており、日本《にほん》には江戸時代《えどじだい》の初《はじ》めに伝《つた》わった。

大《だい》すきなママのドレスがカーネーション

小三《しょうさん》　ローズマリー

ゆり

仲

ラッパのような形《かたち》の花《はな》を咲《さ》かせる。強《つよ》い香《かお》りが特徴《とくちょう》。大《おお》きな花《はな》が風《かぜ》にゆれることから「ゆる」が変化《へんか》してゆりという名前《なまえ》になったといわれている。

誕生日《たんじょうび》母《はは》に供《そな》える百合《ゆり》の花《はな》

中二《ちゅうに》　あい

ひまわり

晩

太陽《たいよう》のような大《おお》きな黄色《きいろ》い花《はな》をつける。明《あか》るい色《いろ》と見《み》た目《め》が元気《げんき》をくれる夏《なつ》らしい花《はな》。

せいくらべぐんぐん育《そだ》てひまわりよ

小三《しょうさん》　きなこもち

向日葵《ひまわり》に背丈《せたけ》こされて空仰《そらあお》ぐ

中三《ちゅうさん》　上原明日香

花《はな》菖蒲《しょうぶ》

仲

梅雨《つゆ》になると、紫《むらさき》や白《しろ》の花《はな》を咲《さ》かせる。水辺《みずべ》に生《は》えていて、剣《けん》のような形《かたち》の葉《は》が菖《しょう》蒲《ぶ》に似《に》ているが、別《べつ》の植物《しょくぶつ》。

はなびらの垂《た》れて静《しず》かや花菖蒲《はなしょうぶ》

高浜虚子《たかはまきょし》

月《つき》見《み》草《そう》

晩

夕方《ゆうがた》になると黄色《きいろ》い大《おお》きな花《はな》をつける。翌朝《よくあさ》にはしぼんで赤黄色《あかきいろ》になるので、花《はな》は夜《よる》の間《あいだ》しか楽《たの》しむことができない。

こんな季語《きご》もあるよ　待宵草《まつよいぐさ》

残業《ざんぎょう》の母《はは》を待《ま》つ庭月見草《にわつきみそう》

小六《しょうろく》　みか

睡《すい》蓮《れん》

晩

水《みず》の上《うえ》に、浮《う》かぶように咲《さ》く花《はな》。花《はな》びらは細長《ほそなが》くとがっていて何枚《なんまい》も重《かさ》なっている。丸《まる》くて大《おお》きな葉《は》も水面《すいめん》に浮《う》かんでいる。

睡蓮《すいれん》や鯉《こい》の分《わ》けゆく花《はな》二《ふた》つ

松本《まつもと》たかし

蓮《はす》

晩

白《しろ》やピンク色《いろ》の大《おお》きな花《はな》を水面《すいめん》よりやや高《たか》いところに咲《さ》かせる。仏教《ぶっきょう》では、神聖《しんせい》な花《はな》とされ、この花《はな》の上《うえ》に仏《ほとけ》がすわるといわれている。

池《いけ》の皿《さら》しずかに進《すす》むはすの花《はな》

小三《しょうさん》　わいちん

雨《あま》がえる

三

指《ゆび》の先《さき》にのるくらいの小《ちい》さなかえる。梅雨《つゆ》の季節《きせつ》に雨《あめ》が近《ちか》づいたり降《ふ》ったりすると「クワックワッ」とよく鳴《な》く。

こんな季語《きご》もあるよ

青《あお》がえる　ひきがえる

雨《あま》がえる手《て》に乗《の》せはねたら虹《にじ》が出《で》た

小一《しょういち》　そら

かたつむり

三

ぬるぬるした細長《ほそなが》い体《からだ》に、うずまきの形《かたち》のからをもつ生《い》きもの。梅雨《つゆ》の時期《じき》によく、葉《は》っぱの上《うえ》などをゆっくりはっている。

こんな季語《きご》もあるよ

でんでんむし　まいまい

傘《かさ》くれといわんばかりのかたつむり

中三《ちゅうさん》　桜木春奈

とかげ

三

夏《なつ》に活発《かっぱつ》に動《うご》き、虫《むし》などを食《た》べる。敵《てき》におそわれるとしっぽを落《お》として逃《に》げるが、しっぽは再生《さいせい》する。夏《なつ》の日《ひ》に照《て》らされてはう姿《すがた》は、まるで小《ちい》さな恐竜《きょうりゅう》のようだ。

とかげ追《お》いすそをめくって夏池《なついけ》に

小五《しょうご》　だいご

へび

三

細長《ほそなが》い体《からだ》でくねくねとはって動《うご》く生《い》きもの。夏《なつ》、道路《どうろ》や草《くさ》むらをにょろにょろ動《うご》いているのを見《み》かけることがある。毒《どく》をもっている種類《しゅるい》もいる。

蛇《へび》逃《に》げて我《われ》を見《み》し眼《め》の草《くさ》に残《のこ》る

高浜虚子《たかはまきょし》

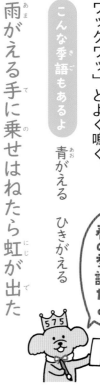

金魚《きんぎょ》

三

赤《あか》や黒《くろ》、白《しろ》、金《きん》などの色《いろ》で尾《お》びれをひらひらさせながらゆうがに泳《およ》ぐ。お祭《まつ》りなどでも売《う》っている。

あの金魚《きんぎょ》泳《およ》がしたいな大空《おおぞら》に

小六《しょうろく》　駒澤ゆには

めだか

三

身近《みぢか》な小川《おがわ》や池《いけ》に住《す》む、小《ちい》さな魚《さかな》。目《め》が少《すこ》し飛《と》び出《だ》しているのでこの名前《なまえ》になったといわれている。最近《さいきん》は数《かず》が減《へ》っていて、絶滅危惧種《ぜつめつきぐしゅ》になっている。

目高君天《めだかくんてん》へ向《む》かって逆上《さかあ》がり

小六《しょうろく》　廣本修太郎

ざりがに

三

川《かわ》などにいる大《おお》きなはさみをふたつもつえびの仲間《なかま》。夏《なつ》の川《かわ》で、ざりがにとりをして遊《あそ》ぶのも楽《たの》しい。日本《にほん》ではあまり食《た》べる習慣《しゅうかん》はないが、ざりがに料理《りょうり》が人気《にんき》の国《くに》もある。

教室《きょうしつ》のざりがに見《み》つめチャイムなる

小三《しょうさん》　こじ

みみず

三

ふだんは土《つち》の中《なか》にいる生《い》きものだが、雨《あめ》あがりに土《つち》の上《うえ》や道路《どうろ》に出《で》てくる。みみずのふんは、よい栄養《えいよう》になり、植物《しょくぶつ》や野菜《やさい》の成長《せいちょう》に役立《やくだ》つといわれている。

通学路日干《つうがくろひぼ》しのみみずよけて行《い》く

小四《しょうよん》　廣川恵子

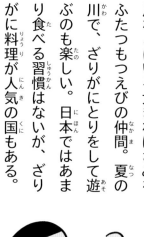

くらげ
三

かさを開《ひら》いたり閉《と》じたりしながら水《みず》の中《なか》を移動《いどう》する動物《どうぶつ》。日本近海《にほんきんかい》でよく見《み》かけるのは水《みず》くらげ。また、カツオノエボシなどのように、強《つよ》い毒《どく》を持《も》つものもいる。

青《あお》い海《うみ》ゆらゆらうかぶくらげたち

小三《しょうさん》　みやこ

かに
三

川《かわ》や海《うみ》にいる、はさみを持《も》つ小《ちい》さな生《い》きもの。はさみを持《も》ちあげてちょこちょこと動《うご》き回《まわ》る。たらばがにやずわいがには、冬《ふゆ》の季語《きご》となる。

ニンジャがにすなにかくれるそのはやさ

小三《しょうさん》　そうたっち

ほととぎす
三

初夏《しょか》に南《みなみ》からわたってくる鳥《とり》。夏《なつ》を告《つ》げる鳥《とり》として親《した》しまれ、昔《むかし》から多《おお》くの詩歌《しいか》に詠《よ》まれてきた。自分《じぶん》で巣《す》をつくらず、ほかの鳥《とり》の巣《す》に托卵《たくらん》する習性《しゅうせい》がある。

鳴《な》くならば満月《まんげつ》に鳴《な》けほととぎす

夏目漱石《なつめそうせき》

かっこう
三

初夏《しょか》に南《みなみ》からわたってきて、「カッコー、カッコー」と鳴《な》く。見《み》た目《め》はほととぎすとよく似《に》ているが、体《からだ》がずっと大《おお》きい。八月《はちがつ》ごろには、また南《みなみ》に帰《かえ》ってしまう。ほととぎすと同《おな》じく托卵《たくらん》をする。

かっこう仲間《なかま》とともに帰省《きせい》たび

小三《しょうさん》　立野八

白《しら》さぎ

三

水辺《みずべ》にいる真《ま》っ白《しろ》な鳥《とり》。立《た》っている姿《すがた》や飛《と》ぶ姿《すがた》がゆうがで美《うつく》しい。白色《しろいろ》のさぎを白《しら》さぎと呼《よ》び、これは正式《せいしき》な名前《なまえ》ではないが、ただ「さぎ」だけでは季語《きご》にならない。

田《た》の中《なか》にりんとたたずむしらさぎや

小六《しょうろく》　りんご

海《う》猫《み》《ねこ》

三

かもめの一種《いっしゅ》で、「ミャー」とねこのような声《こえ》で鳴《な》く鳥《とり》。白《しろ》い体《からだ》に灰色《はいいろ》の羽《はね》を持《も》ったかわいらしい見《み》た目《め》をしている。

ダンシング飛《と》ぶうみねこと船《ふね》を待《ま》つ

小六《しょうろく》　じゃがばたぁ

つばめの子《こ》

三

その年《とし》に生《う》まれたつばめの子《こ》どものこと。家《いえ》の軒《のき》などに巣《す》をつくるので目《め》にとまりやすく、お母《かあ》さん鳥《どり》からえさをもらうために、一生《いっしょう》けん命《めい》、口《くち》を開《あ》けている姿《すがた》がかわいらしい。

まちぼうけおなかすいたとつばめの子《こ》

小六《しょうろく》　らいおん

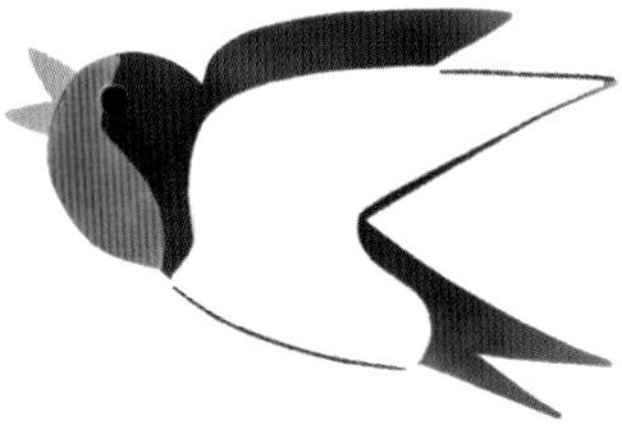

「つばめ」は春《はる》の季語《きご》
「つばめ帰《かえ》る」は秋《あき》の季語《きご》だよ
575

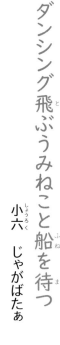

夏《なつ》のちょう

三

「ちょう」といえば春《はる》の季《き》語《ご》。春《はる》によく見《み》かけるもんしろちょうなどの小《ちい》さなちょうとちがい、夏《なつ》は大《おお》きくてはねの色《いろ》が濃《こ》いあげはちょうなどがよく見《み》られる。美《うつく》しいはねでひらひらと羽《は》ばたく。

こんな季《き》語《ご》もあるよ

夏《なつ》ちょう　梅雨《つゆ》のちょう　あげはちょう　黒《くろ》あげは

夏《なつ》のちょう金《きん》のころもで飛《と》びまわる

小六《しょうろく》　SMASH

かぶとむし

三

茶色《ちゃいろ》くつやつやしたはねとかぶとのような頭《あたま》を持《も》つ虫《むし》。オスは大《おお》きな角《つの》を持《も》ち、力《ちから》が強《つよ》い。夜《よる》になると飛《と》び回《まわ》る。

かたい服《ふく》まとっているよかぶと虫《むし》

小六《しょうろく》　米山端

かぶと虫《むし》出番《でばん》はまだかと待《ま》っている

小六《しょうろく》　篠竹将太朗

くわがた

三

はさみのような大《おお》きなきばを持《も》っている、黒《くろ》や赤茶色《あかちゃいろ》の虫《むし》。オス同士《どうし》は、きばを使《つか》ってはげしくけんかをする。メスはきばも体《からだ》も小《ちい》さい。

模索《もさく》しているクワガタとピアニスト

秋尾敏《あきおびん》

せみ

晩

夏《なつ》になると木《き》などにへばりついて、大《おお》きな声《こえ》で鳴《な》く虫《むし》。みんみんぜみやあぶらぜみなど、種類《しゅるい》によって鳴《な》く時期《じき》や鳴《な》き声《ごえ》がちがう。つくつくぼうしやひぐらしは秋《あき》の季語《きご》。

教科書《きょうかしょ》をまくらにしてると蟬笑《せみわら》う

中三《ちゅうさん》　畑咲衣

空《うつ》せみ

晩

せみのぬけがらのこと。せみは長《なが》い間《あいだ》地面《じめん》の中《なか》で暮《く》らし、地上《ちじょう》に出《で》てきて成虫《せいちゅう》になるための最後《さいご》の脱皮《だっぴ》をする。

こんな季語《きご》もあるよ

せみのから　せみのぬけがら　せみのもぬけ

樹《き》の下《した》に空蟬《うつせみ》見《み》つけ汗拭《あせぬぐ》う

小六《しょうろく》　柚夢

てんとうむし

三

小《ちい》さな丸《まる》い背中《せなか》を持《も》つ虫《むし》。つやつやしていて、体《からだ》の色《いろ》やもようはさまざま。赤《あか》い背中《せなか》に七《なな》つの黒《くろ》い点《てん》を持《も》つナナホシテントウがよく知《し》られている。

緑《みどり》の葉《は》赤《あか》いほうせきてんとうむし

小二《しょうに》　悠々

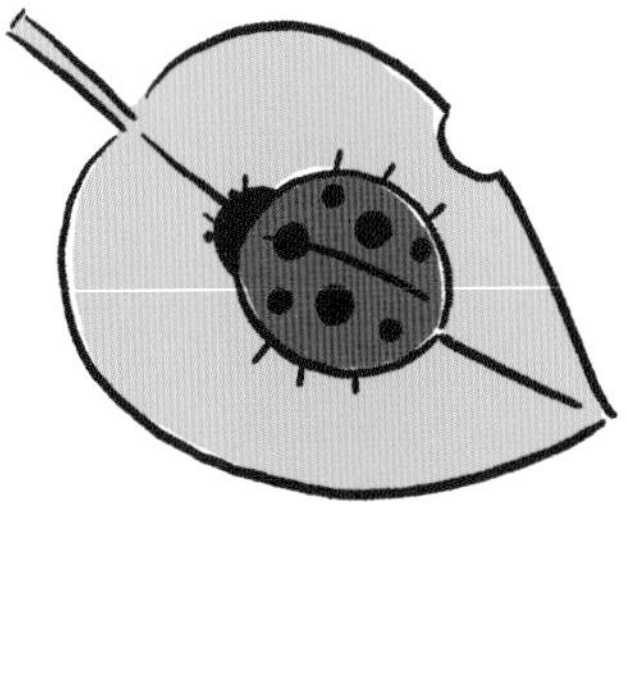

ほたる

仲

夏《なつ》の夕方《ゆうがた》ごろから、水《みず》の近《ちか》くを光《ひか》ったり消《き》えたりしながら飛《と》ぶ虫《むし》。この光《ひかり》でほたるは自分《じぶん》の恋《こい》する気《き》もちを伝《つた》えている。源氏蛍《げんじぼたる》や平家蛍《へいけぼたる》が有名《ゆうめい》。

こんな季語《きご》もあるよ

蛍火《ほたるび》　初蛍《はつぼたる》

息《いき》をのみほたるの光《ひかり》三《みっ》つ四《よっ》つ

小六《しょうろく》　梨秋

あり　三

小《ちい》さくて黒《くろ》い、集団《しゅうだん》で食料《しょくりょう》を集《あつ》めて生活《せいかつ》する虫《むし》。夏《なつ》の焼《や》けるような地面《じめん》の上《うえ》を、小《ちい》さい体《からだ》でえさを運《はこ》びながら列《れつ》になって歩《ある》いている姿《すがた》を見《み》ると、応援《おうえん》したくなる。

こんな季語《きご》もあるよ

ありの道《みち》　ありの列《れつ》　女王《じょおう》あり

道路《どうろ》では働《はたら》きアリが工事中《こうじちゅう》

小五《しょうご》　床井美咲

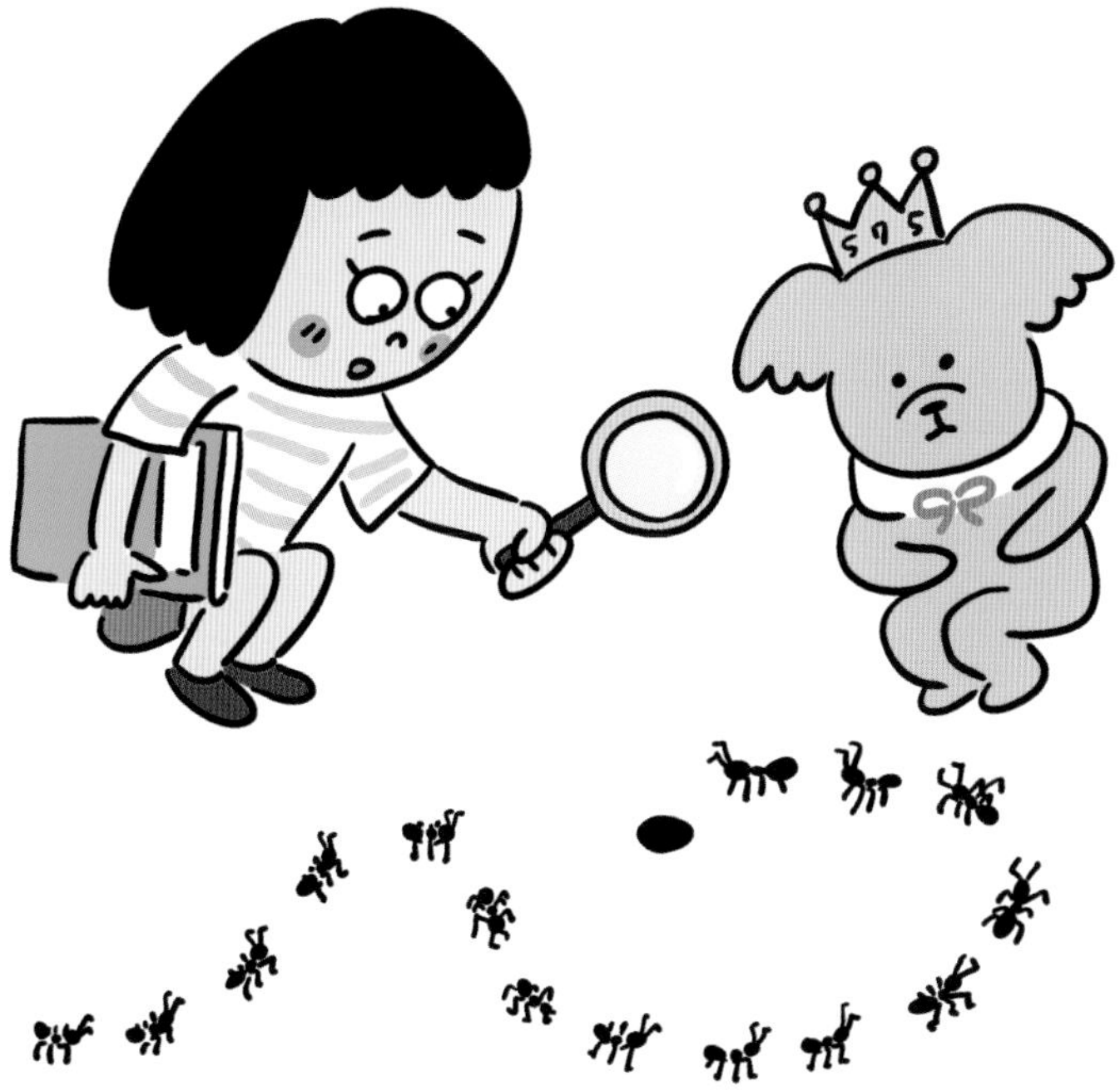

あめんぼ　三

長《なが》いあしを使《つか》って水面《すいめん》をすいすいと自由自在《じゆうじざい》に動《うご》く虫《むし》。成虫《せいちゅう》になるとはねが生《は》えてきて、池《いけ》や川《かわ》以外《いがい》に、水《みず》たまりなどに飛《と》んでくる。

あめんぼう得意種目《とくいしゅもく》は平泳《ひらおよ》ぎ

小五《しょうご》　大和

黄金虫《こがねむし》　三

背中《せなか》が金属《きんぞく》のようにきらきらと光《ひか》る。夏《なつ》の夜《よる》に明《あ》かりの近《ちか》くをブンブンと音《おと》を立《た》てて勢《いきお》いよく飛《と》んでいる。

こんな季語《きご》もあるよ

かなぶん　ぶんぶん

こがねむしヘリコプターとそらたかく

小四《しょうよん》　こがねむしスキすけ

蚊《か》

三

夏《なつ》によく見《み》られる、人《ひと》の血《ち》を吸《す》う小《ちい》さな虫《むし》。さされると赤《あか》くはれ、かゆくてがまんできなくなる。血《ち》を吸《す》うのはメスだけ。感染症《かんせんしょう》の病原体《びょうげんたい》を運《はこ》ぶこともある。

寝《ね》てる間《ま》の蚊《か》の襲撃《しゅうげき》は卑怯《ひきょう》だぞ

中一《ちゅういち》　桂大樹

はえ

三

動物《どうぶつ》のふんや食《た》べもののまわりにぶんぶんとたかる小《ちい》さな虫《むし》。幼虫《ようちゅう》はうじと呼《よ》ばれる。汚《きたな》いイメージなので、きらわれてしまうことが多《おお》い。

お願《ねが》いと手《て》をするはえは何願《なにねが》う

小六《しょうろく》　りんご

くも

三

おなかから糸《いと》を出《だ》して巣《す》をつくる虫《むし》。巣《す》はねばねばしていて、そこにかかった生《い》きものを食《た》べる。小《ちい》さいものから大《おお》きいものまで、日本《にほん》だけで千《せん》以上《いじょう》の種類《しゅるい》がいる。

蜘蛛《くも》に生《うま》れ網《あみ》をかけねばならぬかな

高浜虚子《たかはまきょし》

毛虫《けむし》

三

毛《け》が生《は》えているちょうや蛾《が》の幼虫《ようちゅう》。作物《さくもつ》や庭《にわ》の木《き》の葉《は》を食《く》い荒《あ》らしたり、人《ひと》をさしたりする害虫《がいちゅう》なので、火《ひ》で焼《や》いて駆除《くじょ》することもある。

こんな季語《きご》もあるよ　毛虫焼《けむしや》く

毛虫《けむし》焼《や》く火《ひ》のめらめらめらと美《うつく》しき

木下夕爾《きのしたゆうじ》

みんなの俳句

カキ氷《ごおり》きれいな海《うみ》をうつしだす
中三《ちゅうさん》　山田萌実

砂浜《すなはま》の麦《むぎ》わら帽《ぼう》は貝《かい》の色《いろ》
中二《ちゅうに》　林夏帆

夏《なつ》の海《うみ》の中《なか》で星《ほし》とこんばんは
中三《ちゅうさん》　植松準也

岩《いわ》のすみかにのたいぐんたたかいだ
小三《しょうさん》　がしゃどくろ

遠泳《えんえい》へ気持《きも》ちふくらむ夏《なつ》の雲《くも》
小六《しょうろく》　青柚

夏井《なつい》いつきの俳《はい》句《く》教《きょう》室《しつ》③

兄弟《きょうだい》で取《と》り合《あ》いをしたせんぷうき

小五《しょうご》　山下日彩

ここがすてき！

夏《なつ》の「せんぷうき」あるあるの光景《こうけい》ですね。帰宅後《きたくご》やお風呂《ふろ》上《あ》がり、熱帯夜《ねったいや》など、せんぷうきを独《ひと》り占《じ》めして涼《すず》みたくなりますよね。

この句《く》では、せんぷうきの前《まえ》を陣取《じんど》ろうと奪《うば》い合《あ》う兄弟《きょうだい》の姿《すがた》が見《み》えてきますね。付《つ》けたり消《け》したりしているのかもしれません。どんなやり取《と》りをしているのか、想像《そうぞう》がふくらみます。楽《たの》しそうな声《こえ》も聞《き》こえてきます。

もっとよくするには…

言葉《ことば》を節約《せつやく》してみましょう。「兄弟《きょうだい》で取《と》り合《あ》いをした」は十二音《じゅうにおん》ですが、「兄《あに》と取《と》り合《あ》う」なら七音《しちおん》になります。こう書《か》けば、弟《おとうと》か妹《いもうと》がお兄《にい》ちゃんと取《と》り合《あ》っている様子《ようす》は伝《つた》わりますね。「兄《あに》と取《と》り合《あ》うせんぷうき」で、中七下五《なかしちしもご》ができますので、上五《かみご》には、どんな場所《ばしょ》なのか、時間《じかん》なのかなど、新《あら》しい情報《じょうほう》を加《くわ》えることができますよ。

こうしてみよう

○○○○○兄《あに》と取《と》り合《あ》うせんぷうき

新《あら》しい情報《じょうほう》を入《い》れてみよう

五音分《ごおんぶん》なにを入《い》れる？

・どんな場所《ばしょ》？

・どんな時間《じかん》？

4章《しょう》

おてんき

初夏《しょか》

初

五月五日《ごがついつか》ごろから六月四日《ろくがつよっか》ごろまでを指《さ》す。梅雨《つゆ》が始《はじ》まる前《まえ》で、空気《くうき》がさわやかな感《かん》じがする。

初夏《しょか》の空《そら》まぶしい色《いろ》でうめつくす

小六《しょうろく》　万星

夏《なつ》めく

初

草木《くさき》や空《そら》、生《い》きものの様子《ようす》などに夏《なつ》らしい気配《けはい》を感《かん》じる時期《じき》のこと。空気《くうき》や太陽《たいよう》の光《ひかり》がきらきらとして、季節《きせつ》が変《か》わる様子《ようす》にわくわくする。

昨日《きのう》より夏《なつ》めく髪《かみ》は照《て》れくさい

小四《しょうよん》　穂乃歌

暑《あつ》し

三

気温《きおん》が上《あ》がり、汗《あせ》がだらだらとたれてきて、不快《ふかい》な感《かん》じがする状態《じょうたい》。外《そと》を歩《ある》いていても家《いえ》の中《なか》にいても、落《お》ち着《つ》かない。

初散歩《はつさんぽ》暑《あつ》さにおどろく子犬《こいぬ》かな

小三《しょうさん》　サンタ

炎天《えんてん》

晩

太陽《たいよう》がじりじりと暑《あつ》くて、くらくらしてくるような天気《てんき》のこと。光《ひかり》を吸収《きゅうしゅう》した道路《どうろ》は焼《や》けるように熱《あつ》く、生《い》きものたちも、どことなくくたびれている感《かん》じがする。

炎天下日影《えんてんかひかげ》選《えら》んで歩《ある》く道《みち》

小六《しょうろく》　佐藤海月

涼《すず》し

三

暑《あつ》い夏《なつ》の中《なか》でも、ふとした瞬《しゅん》間《かん》に涼《すず》しさを感《かん》じること。日《ひ》陰《かげ》に入《はい》ったとき、汗《あせ》でぬれた肌《はだ》を風《かぜ》が冷《ひ》やしていくとき、きれいな風鈴《ふうりん》の音《ね》を聞《き》いたときなどの落《お》ち着《つ》くような感覚《かんかく》。

波《なみ》の音《おと》数《かぞ》えて涼《すず》し由《ゆ》比《い》ケ《が》浜《はま》

小五《しょうご》　はるまき

梅雨寒《つゆざむ》

仲

梅雨《つゆ》（↓51ページ）に入《はい》って、寒《さむ》くなること。夏《なつ》とは思《おも》えないような肌寒《はださむ》さに着《き》る服《ふく》にこまってしまう。

こんな季語《きご》もあるよ

梅雨冷《つゆびえ》

梅雨寒《つゆざむ》や試合《しあい》の帰《かえ》り急《いそ》ぎ足《あし》

中一《ちゅういち》　なな

秋近《あきちか》し

晩

秋《あき》がすぐ近《ちか》くにせまっていること。空《そら》の色《いろ》や雲《くも》の形《かたち》、風《かぜ》の感《かん》じなどから夏《なつ》の終《お》わりに気《き》づき、秋《あき》の始《はじ》まりを見《み》つける。

こんな季語《きご》もあるよ

秋隣《あきどなり》

かくれんぼ髪《かみ》ゆらす風《かぜ》秋近《あきちか》し

小四《しょうよん》　りゃん

夏《なつ》の果《は》て

晩

夏《なつ》の終《お》わりのころのこと。夏《なつ》の楽《たの》しい思《おも》い出《で》をふり返《かえ》り、過《す》ぎ去《さ》ってしまう季節《きせつ》をさみしく思《おも》う。

こんな季語《きご》もあるよ

夏《なつ》終《お》わる　夏《なつ》の別《わか》れ　行《ゆ》く夏《なつ》　夏《なつ》おしむ

夏《なつ》の果《は》てか細《ぼそ》くセミが鳴《な》いている

小四《しょうよん》　萌芽

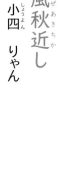

夏《なつ》の雲《くも》

三

わたのかたまりのような雲《くも》や、高《たか》く盛《も》り上《あ》がった雲《くも》が代表的《だいひょうてき》。青空《あおぞら》に広《ひろ》がる白《しろ》い雲《くも》を見上《みあ》げていると、どこまでも空《そら》が続《つづ》いているような気《き》がする。

夏《なつ》の雲《くも》もくもく大《おお》きくわたあめだ

小四《しょうよん》　霜雪

雲《くも》の峰《みね》

三

山《やま》のように見《み》える、もくもくとした大《おお》きな雲《くも》のこと。入道《にゅうどう》雲《ぐも》ともいう。夏《なつ》の雲《くも》の代表格《だいひょうかく》。

こんな季語《きご》もあるよ

入道雲《にゅうどうぐも》　積乱雲《せきらんうん》　雷雲《らいうん》

寝《ね》る前《まえ》にふとんにしたいな入道雲《にゅうどうぐも》

中三《ちゅうさん》　宮崎愛未

西日《にしび》

晩

夕方《ゆうがた》、西《にし》にかたむいた太陽《たいよう》やその光《ひかり》のこと。一年中《いちねんじゅう》あるが、とくに夏《なつ》は暑《あつ》くまぶしいので、夏《なつ》の季語《きご》になっている。夏《なつ》は、夕方《ゆうがた》になっても明《あか》るく、強《つよ》い光《ひかり》がさす。

西日《にしび》受《う》け自転車《じてんしゃ》こいで帰路《きろ》につく

小六《しょうろく》　夏場厚伊

朝焼《あさや》け

晩

日《ひ》がのぼるときに、東《ひがし》の空《そら》が一面《いちめん》赤《あか》くそまること。夏休《なつやす》みに早起《はやお》きして、朝日《あさひ》が出《で》て空《そら》の色《いろ》が変《か》わる様子《ようす》を見《み》るのも楽《たの》しい。

朝焼《あさや》けに海猫《うみねこ》の影《かげ》心地《ここち》よし

中二《ちゅうに》　じゅん

夕《ゆう》焼《や》け

晩

太陽《たいよう》が西《にし》に沈《しず》むとき、空《そら》が真《ま》っ赤《か》にそまること。とくに夏《なつ》の夕焼《ゆうや》け空《ぞら》は、鮮《あざ》やかで壮大《そうだい》。夕焼《ゆうや》けがきれいだと次《つぎ》の日《ひ》は晴《は》れるといわれている。

こんな季語《きご》もあるよ

夕焼《ゆうや》け雲《ぐも》　夕焼《ゆうや》け空《ぞら》

夕《ゆう》焼《や》けやきれいにうつる友《とも》の影《かげ》

中一《ちゅういち》　森礼子

短《みじか》夜《よ》

三

夏《なつ》になると昼《ひる》よりも夜《よる》の長《なが》さの方《ほう》が短《みじか》くなる。もっとも夜《よる》が短《みじか》くなるのは夏至《げし》（↓56ページ）。すぐに明《あ》けてしまう夜《よる》を残念《ざんねん》に思《おも》う気持《きも》ちが表《あらわ》れている。

みじか夜《よ》や雲《くも》引《ひ》き残《のこ》す富士《ふじ》のみね

炭太祇《たんたいぎ》

熱《ねっ》帯《たい》夜《や》

晩

最低気温《さいていきおん》が二十五度以上《にじゅうごどいじょう》になる暑《あつ》くて寝苦《ねぐる》しい夜《よる》のこと。冷房《れいぼう》をつけないとなかなか眠《ねむ》れない。

のびる犬《いぬ》なんども寝《ね》がえり熱帯夜《ねったいや》

小五《しょうご》　チームにこ

青嵐《あおあらし》

三

夏《なつ》になって青々《あおあお》としげる木々《きぎ》の中《なか》を、激《はげ》しく吹《ふ》きぬける風《かぜ》のこと。力強《ちからづよ》く、生命感《せいめいかん》にあふれていて、ざわざわと葉《は》をゆらす。

汽車《きしゃ》見《み》る見《み》る山《やま》を上《のぼ》るや青嵐《あおあらし》

正岡子規《まさおかしき》

南風《みなみ》

三

夏《なつ》のしめっていて暑苦《あつくる》しい風《かぜ》のこと。もともとは漁師《りょうし》や船《ふな》乗《の》りの人《ひと》たちの間《あいだ》で使《つか》われていた言葉《ことば》。

こんな季語《きご》もあるよ

南風《みなみかぜ》　南東風《はえごち》　南西風《はえにし》　南風《はえ》　黒南風《くろはえ》　白南風《しろはえ》

南風《みなみかぜ》はだで感《かん》じる風《かぜ》のこえ

小六《しょうろく》　君撫丸

夕凪《ゆうなぎ》

晩

夏《なつ》の夕方《ゆうがた》に、海辺《うみべ》の風《かぜ》がぴたりとやみ、しずかな状態《じょうたい》になること。朝《あさ》に同《おな》じ状態《じょうたい》になることを「朝凪《あさなぎ》」といい、これも夏《なつ》の季語《きご》。

こんな季語《きご》もあるよ

朝凪《あさなぎ》

夕凪《ゆうなぎ》や行水時《ぎょうずいどき》の裏通《うらどお》り

青木月斗《あおきげっと》

涼風《すずかぜ》

晩

むし暑《あつ》い日《ひ》にどこからか吹《ふ》いてくる涼《すず》しい風《かぜ》のこと。朝《あさ》や夜《よる》に吹《ふ》くことが多《おお》い。暑《あつ》さが続《つづ》く中《なか》で、ふと感《かん》じる風《かぜ》がつかれをいやしてくれる。

こんな季語《きご》もあるよ

涼風《りょうふう》　風涼《かぜすず》し

涼風《すずかぜ》やはだを横《よこ》ぎり心地《ここち》良《よ》い

小六《しょうろく》　万星

梅雨《つゆ》

仲

六月《ろくがつ》から七月中《しちがつなか》ごろまで雨《あめ》が降《ふ》り続《つづ》ける時期《じき》のこと。梅《うめ》の実《み》がじゅくす時期《じき》なので、梅雨《つゆ》という。毎日《まいにち》じめじめとして、気分《きぶん》がすっきりしないことがある。

こんな季《き》語《ご》もあるよ

梅雨《ばいう》　梅《うめ》の雨《あめ》

梅雨《つゆ》がきてえん側《がわ》で犬《いぬ》がうつむいた

小五《しょうご》　樹の子

五月雨《さみだれ》

仲

梅雨《つゆ》の長《なが》い雨《あめ》のこと。旧暦《きゅうれき》で五月《ごがつ》ごろに降《ふ》る雨《あめ》なので五月雨《さみだれ》という。田植《たう》えの時期《じき》に降《ふ》り、稲《いね》がしっかり育《そだ》つために必要《ひつよう》。

五月雨《さみだれ》をあつめて早《はや》し最上川《もがみがわ》

松尾芭蕉《まつおばしょう》

夕立《ゆうだち》

三

夏《なつ》の午後《ごご》に突然《とつぜん》降《ふ》ってくる強《つよ》い雨《あめ》のこと。一時間《いちじかん》くらいでやむことが多《おお》く、上《あ》がったあとはきれいな青空《あおぞら》が見《み》られることもある。

夕立《ゆうだち》の空《そら》に大《おお》きなすべり台《だい》

中一《ちゅういち》　木下彩花

雷《かみなり》

三

雲《くも》と雲《くも》の間《あいだ》や雲《くも》と地上《ちじょう》の間《あいだ》に電気《でんき》が流《なが》れる現象《げんしょう》。空《そら》にピカッと光《ひかり》が走《はし》ったあと、音《おと》が聞《き》こえる。雷《かみなり》はどの季節《きせつ》でも起《お》きるが、夏《なつ》にいちばん多《おお》いので夏《なつ》の季語《きご》になっている。

こんな季《き》語《ご》もあるよ

落雷《らくらい》　雷鳴《らいめい》　雷雨《らいう》　遠雷《えんらい》

雷《かみなり》が鳴《な》った時《とき》には竜《りゅう》がいる

小六《しょうろく》　曽根友季奈

虹《にじ》

三

雨《あめ》のあと、太陽《たいよう》と反対側《はんたいがわ》の空《そら》にかかる、七色《なないろ》の帯《おび》。光《ひかり》が大気中《たいきちゅう》の水滴《すいてき》を通《とお》るときに七色《なないろ》に分《わ》かれて見《み》えるものである。

こんな季《き》語《ご》もあるよ

朝虹《あさにじ》　夕虹《ゆうにじ》　虹立《にじた》つ　虹《にじ》の帯《おび》　虹《にじ》の橋《はし》

空《そら》の虹《にじ》見上《みあ》げてみれば自分色《じぶんいろ》

小六《しょうろく》　風花

みんなの俳句

雨《あま》がえるカッパを着《き》ずにジャンプする
小一《しょういち》 うすいはな

五月雨《さつきあめ》てるてるぼうずに小言《こごと》いう
小六《しょうろく》 中矢裕子

紫陽花《あじさい》の葉《は》からこぼれた雨《あめ》の音《おと》
中一《ちゅういち》 田畑万奈

梅雨《つゆ》の日《ひ》に空《そら》の水道《すいどう》出《で》っ放《ぱな》し
小六《しょうろく》 平嶋きよら

散歩《さんぽ》中《ちゅう》蝸牛《かたつむり》といっしょに伸《の》びをする
中三《ちゅうさん》 千葉有紀子

夏井《なつい》いつきの

俳《は》句《く》教《きょう》室《しつ》④

初夏《しょか》の日《ひ》にチームメイトと走《はし》りきる

小四《しょうよん》　平霜

ここがすてき！

「初夏《しょか》」は、文字通《もじどお》り夏《なつ》の初《はじ》めをいう季《き》語《ご》です。真夏《まなつ》にはまだ間《ま》があり、それほど暑《あつ》くはありませんが、春《はる》とはちがった夏《なつ》の気配《けはい》が感《かん》じられるころです。

また、「新緑《しんりょく》」の季節《きせつ》でもあり、鮮《あざ》やかな若葉《わかば》の緑《みどり》や、その中《なか》を吹《ふ》き抜《ぬ》ける心《ここ》地《ち》よい風《かぜ》も想像《そうぞう》できます。そんな初夏《しょか》に「チームメイトと走《はし》りきる」気持《きも》ちよさは格別《かくべつ》にちがいありません。

もっとよくするには…

上五《かみご》「初夏《しょか》の日《ひ》」は、「初夏《しょか》」で伝《つた》わるので、「の日《ひ》」は不要《ふよう》です。「しょか」と読《よ》めば、二音《におん》ですが、「はつなつ」と読《よ》めば四音《よんおん》。この句《く》の場合《ばあい》は「初夏《はつなつ》や」とすれば、きれいに上五《かみご》が整《ととの》います。

「や」は詠嘆《えいたん》を表《あらわ》します。おおーなんと気持《きも》ちのよい初夏《しょか》だ！　という感《かん》じ。切《き》れ字《じ》「や」を効果的《こうかてき》に使《つか》うと、「おおー！」という気持《きも》ちが表現《ひょうげん》できますよ。

こうしてみよう

初夏《はつなつ》やチームメイトと走《はし》りきる

詠嘆《えいたん》（感動《かんどう》）を表《あらわ》す
切《き》れ字《じ》「や」を効果的《こうかてき》に使《つか》おう

「おおー！」という気持《きも》ちを表《あらわ》します

5章《しょう》

おもしろい言葉《ことば》

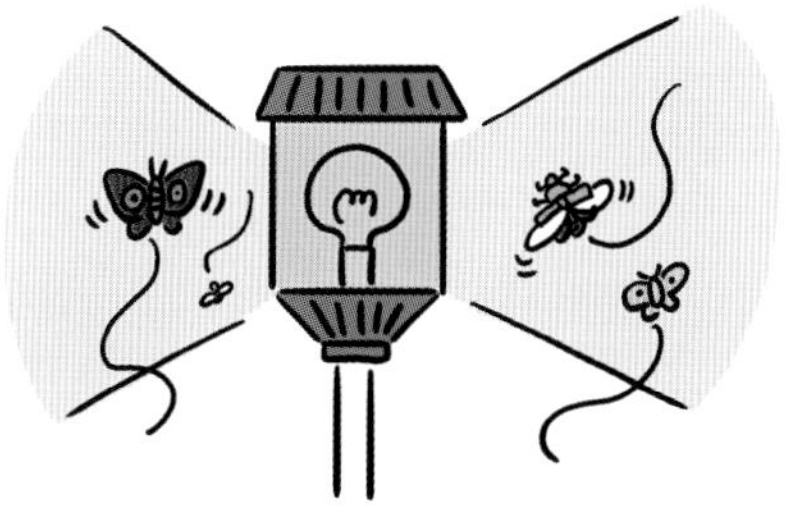

立夏《りっか》

初

二十四節気《にじゅうしせっき》（↓1巻《かん》）のうち、夏《なつ》を六《むっ》つに分《わ》けた一番初《いちばんはじ》めの季節《きせつ》。現在《げんざい》の五月五日《ごがついつか》ごろにあたり、暦《こよみ》の上《うえ》ではこの日《ひ》から夏《なつ》が始《はじ》まる。

こんな季語《きご》もあるよ

夏立《なつた》つ　夏《なつ》に入《い》る　夏来《なつき》たる

旅名残《たびなご》り雲《くも》のしかかる立夏《りっか》かな　飯田蛇笏《いいだだこつ》

小満《しょうまん》

初

二十四節気《にじゅうしせっき》のうち、夏《なつ》の二番目《にばんめ》の季節《きせつ》。現在《げんざい》の五月二十一日《ごがつにじゅういちにち》ごろにあたる。草《くさ》や木《き》などのありとあらゆるものが成長《せいちょう》して、空間《くうかん》を満《み》たしていくという意味《いみ》。

小満《しょうまん》や姉《あね》と背比《せくら》べ得意顔《とくいがお》　中二《ちゅうに》　ひろき

芒種《ぼうしゅ》

仲

二十四節気《にじゅうしせっき》のうち、夏《なつ》の三番目《さんばんめ》の季節《きせつ》。現在《げんざい》の六月六日《ろくがつむいか》ごろにあたる。稲《いね》の種《たね》をまくころという意味《いみ》があるが、実際《じっさい》には田植《たう》えを始《はじ》めるくらいの時期《じき》。

たん生日《じょうび》いいとこ見《み》つける芒種《ぼうしゅ》の日《ひ》　小六《しょうろく》　まかろん

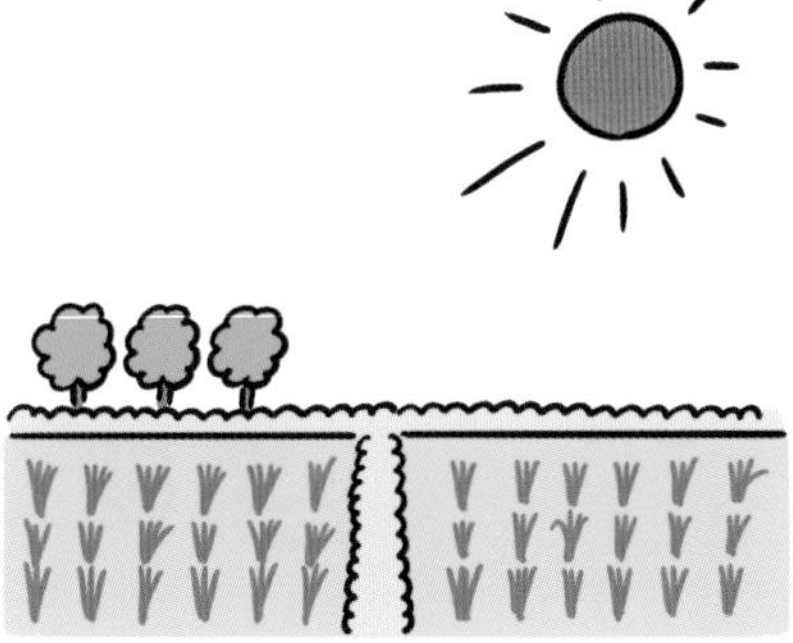

夏至《げし》

仲

二十四節気《にじゅうしせっき》のうち夏《なつ》の四番目《よんばんめ》の季節《きせつ》。現在《げんざい》の六月二十一日《ろくがつにじゅういちにち》ごろにあたる。一年《いちねん》の中《なか》で一《いち》番昼《ばんひる》が長《なが》くなり、夏《なつ》がきわまるという意味《いみ》。

参考書《さんこうしょ》ペダルふみこむ夏至《げし》の朝《あさ》　小六《しょうろく》　森魚

小暑《しょうしょ》

晩

二十四節気《にじゅうしせっき》のうち、夏《なつ》の五番《ごばん》目《め》の季節《きせつ》。現在《げんざい》の七月七日《しちがつなのか》ごろにあたる。この時期《じき》から梅雨《つゆ》があけて本格的《ほんかくてき》に暑《あつ》くなってくる。

晴《は》れわたる小暑《しょうしょ》の空《そら》に声《こえ》からす

中三《ちゅうさん》　甲子園

大暑《たいしょ》

晩

二十四節気《にじゅうしせっき》のうち、夏《なつ》の最後《さいご》、六番《ろくばん》目《め》の季節《きせつ》。現在《げんざい》の七月二十三日《しちがつにじゅうさんにち》ごろにあたる。最《もっと》も暑《あつ》い時期《じき》であり、あまりに暑《あつ》さがきびしいので体《からだ》がくたびれてしまう。

兎《うさぎ》も片耳《かたみみ》垂《た》るる大暑《たいしょ》かな

芥川龍之介《あくたがわりゅうのすけ》

山滴《やましたた》る

三

青々《あおあお》とした夏《なつ》の山《やま》が、水《みず》が滴《したた》るように生《い》き生《い》きしていて美《うつく》しいこと。夏《なつ》の太陽《たいよう》の日差《ひざ》しをはねかえす、みずみずしい植物《しょくぶつ》たちの生命力《せいめいりょく》を感《かん》じることができる。

友《とも》の声《こえ》滴《したた》る山《やま》にこだまする

小五《しょうご》　ミコト

風薫《かぜかお》る

三

夏《なつ》に吹《ふ》くやわらかな風《かぜ》のこと。芽生《めば》えたばかりの若葉《わかば》のにおいを運《はこ》んできて心地《ここち》がよい。

こんな季語《きご》もあるよ

薫風《くんぷう》　風《かぜ》の香《か》

きみの隣《となり》キャンプファイヤー風薫《かぜかお》る

小六《しょうろく》　りょうは

麦《むぎ》の秋《あき》

初

麦《むぎ》の穂《ほ》は五月《ごがつ》から六月《ろくがつ》ごろに収穫《しゅうかく》する。稲《いね》が収穫《しゅうかく》される時《じ》期《き》のことを「稲《いね》の秋《あき》」といい、これに対応《たいおう》して「麦《むぎ》の秋《あき》」という。

こんな季《き》語《ご》もあるよ

麦秋《ばくしゅう》　むぎあき

麦《むぎ》の秋《あき》畑《はたけ》も笑顔《えがお》も黄金色《こがねいろ》

小四《しょうよん》　小麦

水《み》無《な》月《づき》

晩

昔《むかし》の暦《こよみ》の六月《ろくがつ》のことで、現《げん》在《ざい》の暦《こよみ》では七月《しちがつ》ごろにあたる。あまりの暑《あつ》さに水《みず》が枯《か》れてしまうことからこの名前《なまえ》になったといわれている。

こんな季《き》語《ご》もあるよ

風待月《かぜまちづき》　常夏月《とこなつづき》　青水無月《あおみなづき》

静《しず》かなる水無月《みなづき》の海《うみ》に思《おも》いはせ

中二《ちゅうに》　畑中

虎《とら》が雨《あめ》

仲

旧暦《きゅうれき》の五月二十八日《ごがつにじゅうはちにち》（現在《げんざい》の六月下旬《ろくがつげじゅん》から七月中旬《しちがつちゅうじゅん》ごろ）に降《ふ》る雨《あめ》。鎌倉時代《かまくらじだい》に虎御前《とらごぜん》という人《ひと》が、亡《な》くなった愛《あい》する人《ひと》を思《おも》って泣《な》き、その涙《なみだ》が雨《あめ》になったという言《い》い伝《つた》えがある。

虎《とら》が雨友《あめとも》と帰《かえ》りし放課後《ほうかご》の道《みち》

小六《しょうろく》　きいろ

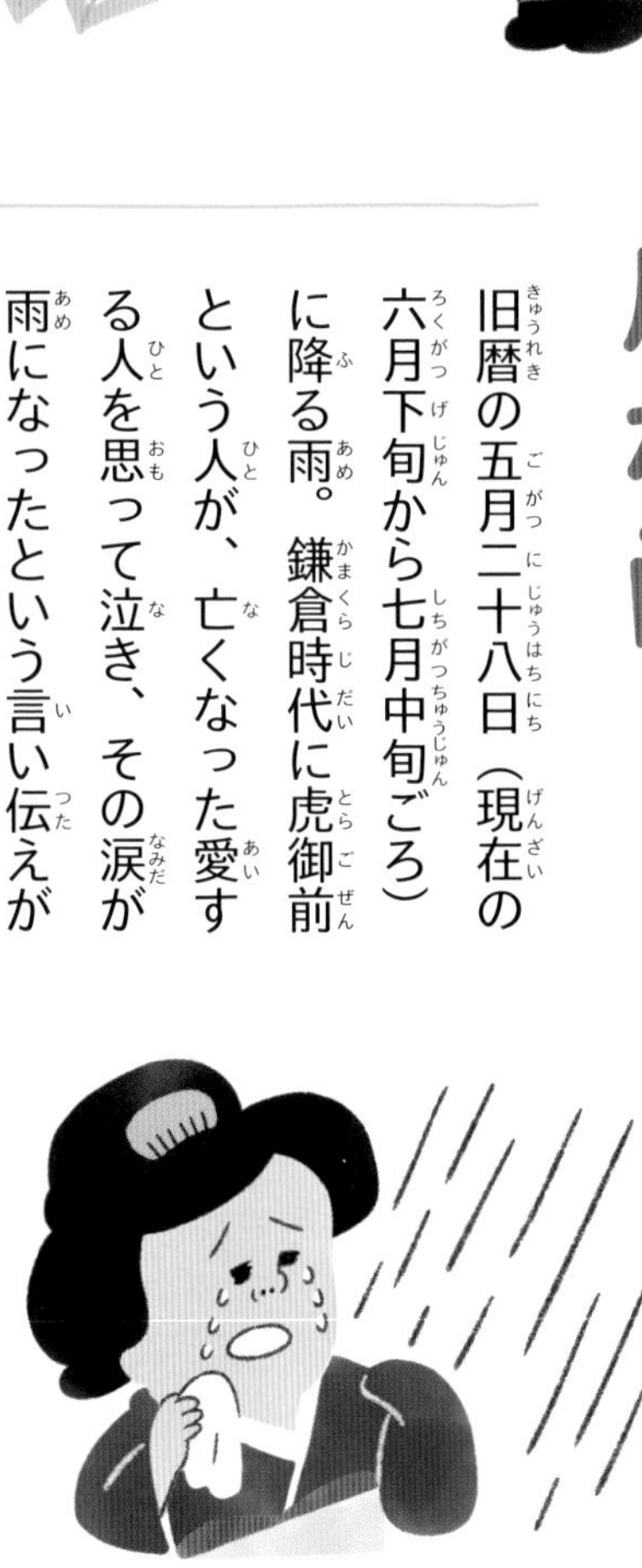

赤《あか》富《ふ》士《じ》

晩

夏《なつ》の朝《あさ》、真《ま》っ赤《か》に見《み》える富士《ふじ》山《さん》のことをいう。わずか十分《じっぷん》から二十分《にじっぷん》くらいの間《あいだ》しか見《み》られない。積《つ》もった雪《ゆき》が燃《も》えるように染《そ》まっている景色《けしき》がとてもきれい。

赤富士《あかふじ》見《み》て飛《と》びはねる犬《いぬ》歩《ある》く君《きみ》

中一《ちゅういち》　清順

火《ひ》取《とり》虫《むし》

三

夏《なつ》の夜《よる》に、灯《あかり》に集《あつ》まってくる虫《むし》のこと。黄金虫《こがねむし》・蛾《が》などが当《あ》てはまる。街灯《がいとう》や家《いえ》の中《なか》の電灯《でんとう》など、多《おお》くの虫《むし》が灯《あかり》の周《まわ》りを飛《と》び回《まわ》る光景《こうけい》は夏《なつ》ならでは。

走《はし》る夜命《よるいのち》が光《ひか》る火《ひ》取《とり》虫《むし》

小六《しょうろく》　たいが

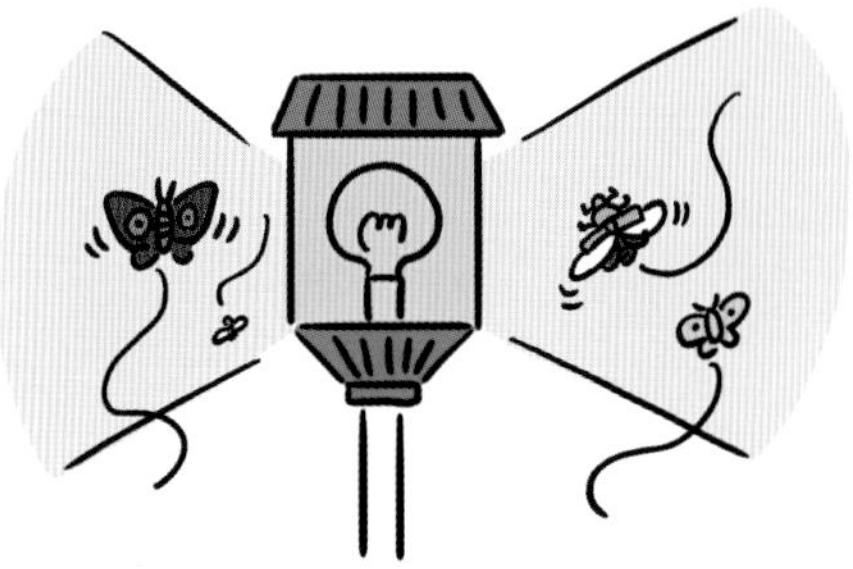

油《あぶら》照《で》り

晩

風《かぜ》がまったく吹《ふ》かず、とても蒸《む》し暑《あつ》い天気《てんき》のこと。日差《ひざ》しが強《つよ》いわけではないが、じっとりとした暑《あつ》さにあぶら汗《あせ》が出《で》てくる。

校庭《こうてい》の鉄棒《てつぼう》ゆがむ油照《あぶらで》り

小五《しょうご》　青葉

草《くさ》いきれ

晩

生《お》いしげった夏草《なつくさ》のむっとするにおいのこと。夏《なつ》の強《つよ》い日《ひ》が照《て》りつける炎天下《えんてんか》の草《くさ》むらは、余計《よけい》に暑《あつ》く感《かん》じる。

せみ鳴《な》くや口《くち》もあかれぬくさいきれ

秀山《しゅうざん》

こんな季《き》語《ご》もあるよ

草《くさ》の息《いき》

みんなの俳句

熱帯夜《ねったいや》今夜《こんや》もよろしくアイスさん

小六《しょうろく》　粒林檎

星《ほし》の数《かず》一《ひと》つ一《ひと》つがさくらんぼ

中三《ちゅうさん》　前田桃花

僕《ぼく》の庭《にわ》線香花火《せんこうはなび》にひと目《め》ぼれ

中一《ちゅういち》　吉田幸平

夏《なつ》の夜星《よるほし》のクレヨンつないでゆく

小六《しょうろく》　宇治かおる

ホタルの子《こ》葉《は》にともしびをつけにゆく

小六《しょうろく》　本橋みなみ

夏井《なつい》いつきの

俳句教室《はいくきょうしつ》 ⑤

ランニング給食《きゅうしょく》のにおい大暑《たいしょ》の日《ひ》

小六《しょうろく》　あかまる

ここがすてき！

12ページでも使《つか》われていた「大暑《たいしょ》」。夏《なつ》の一番暑《いちばんあつ》いころをいう季語《きご》でしたね。「給食《きゅうしょく》のにおい」ということは四時間目《よじかんめ》の体育《たいいく》の時間《じかん》でしょうか。ただでさえ大変《たいへん》な「ランニング」ですが、大暑《たいしょ》の時期《じき》のお昼前《ひるまえ》という設定《せってい》で、疲《つか》れがさらに増《ま》してくるように感《かん》じられます。お腹《なか》もどんどんすいていきます。

この句《く》も54ページのように、「の日《ひ》」を取《と》って「大暑《たいしょ》」だけで伝《つた》わりますよ。

もっとよくするには…

語順《ごじゅん》を替《か》えると良《よ》くなる句《く》です。前半《ぜんはん》は、「給食《きゅうしょく》のにおい」と八音《はちおん》のフレーズをつくります。これで、給食室《きゅうしょくしつ》からにおいが広《ひろ》がっている感《かん》じが書《か》けました。後半《こうはん》は、運動場《うんどうじょう》に飛《と》び、残《のこ》った言葉《ことば》で「大暑《たいしょ》のランニング」と整《ととの》えます。「給食《きゅうしょく》のにおい／大暑《たいしょ》のランニング」。真《ま》ん中《なか》に、意味《いみ》の切《き》れ目《め》がありますが、全部足《ぜんぶた》すと十七音《じゅうしちおん》になるという技《わざ》です。

こうしてみよう

給食《きゅうしょく》のにおい大暑《たいしょ》のランニング

語順《ごじゅん》を替《か》えよう
全部《ぜんぶ》を足《た》して
十七音《じゅうしちおん》になる技《わざ》で
五七五《ごしちご》とはちがう
リズムの句《く》に

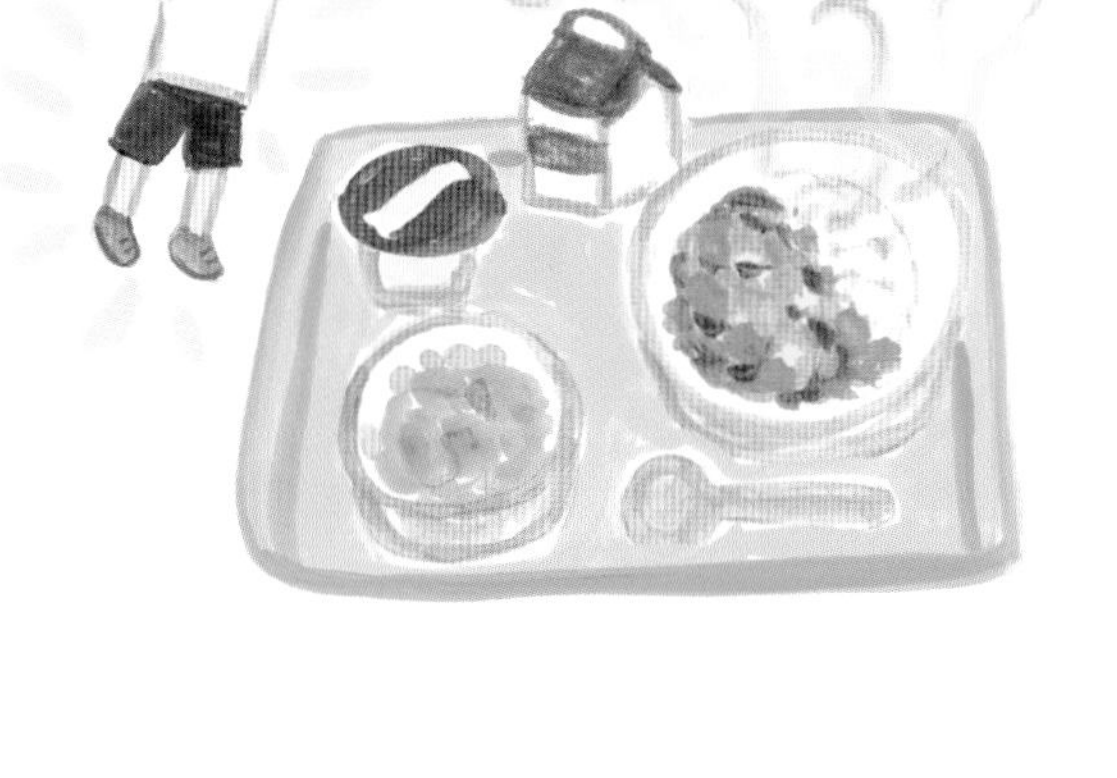

さくいん

この本《ほん》で紹介《しょうかい》した夏《なつ》の季語《きご》を五十音順《ごじゅうおんじゅん》に並《なら》べています。

イラスト　おおたきょうこ
かたぎりあおい
キタハラケンタ
てらいまき
meppelstatt
山中正大
山本祐司

デザイン　阿部美樹子
DTP　中尾淳

校正　村井みちよ

編集・制作　株式会社 KANADEL

協力　現代俳句協会
筑波大学附属小学校
荒川区立第一日暮里小学校
鹿児島市立中洲小学校
出水市立大川内小学校
姶良市立蒲生小学校
伊佐市立山野小学校

参考文献　『新版 角川俳句大歳時記 夏』（KADOKAWA）
『読んでわかる俳句 日本の歳時記 夏』（小学館）
『短歌・俳句 季語辞典』（ポプラ社）
『大辞林 第三版』（三省堂）

みんなの俳句がいっぱい！
学校歳時記 ③ 夏の季語

発行　2023 年 4 月　第 1 刷
監修　白坂洋一
発行者　千葉 均
編集　小林真理菜
発行所　株式会社ポプラ社
〒102-8519　東京都千代田区麹町 4-2-6
ホームページ　www.poplar.co.jp（ポプラ社）
kodomottolab.poplar.co.jp（こどもっとラボ）
印刷・製本　図書印刷株式会社

ISBN978-4-591-17643-6　N.D.C.911 ／ 63p ／ 27cm Printed in Japan

P7237003

監修

白坂洋一《しらさかよういち》

1977年鹿児島県生まれ。鹿児島県公立小学校教諭を経て、2016年より筑波大学附属小学校国語科教諭。『例解学習漢字辞典』（小学館）編集委員。『例解学習ことわざ辞典』監修。全国国語授業研究会理事。「子どもの論理」で創る国語授業研究会会長。主な著書に『子どもを読書好きにするために親ができること』（小学館）等。

協力

秋尾敏《あきおびん》

1950年埼玉県生まれ。千葉県公立中学校・教育委員会勤務を経て、1999年より軸俳句会主宰。全国俳誌協会会長、現代俳句協会副会長。評論集に『子規の近代　―滑稽・メディア・日本語―』（新曜社）、『虚子と「ホトトギス」―近代俳句のメディア』（本阿弥書店）等、句集に『ふりみだす』（本阿弥書店）等。

夏井《なつい》いつき（選・鑑賞）

1957年生まれ。松山市在住。俳句集団「いつき組」組長、藍生俳句会会員。第８回俳壇賞受賞。俳句甲子園の創設にも携わる。松山市公式俳句サイト「俳句ポスト365」等選者。2015年より初代俳都松山大使。第72回日本放送協会放送文化賞受賞。句集『伊月集 鶴』、『瓢簞から人生』、『今日から一句』等著書多数。

※夏井先生は俳句教室のページの選句をしています。
そのほかのページの選句はしていません。

あそびをもっと、
まなびをもっと。
こどもっとラボ

みんなの俳句がいっぱい！

学校歳時記

全5巻

セット
N.D.C.911

監修
筑波大学附属小学校
白坂洋一

協力
現代俳句協会
秋尾敏

夏井いつき
（選・鑑賞）

1巻 俳句のつくりかた N.D.C.911

2巻 春の季語 N.D.C.911

3巻 夏の季語 N.D.C.911

4巻 秋の季語 N.D.C.911

5巻 冬・新年の季語 N.D.C.911

小学校低学年から AB版／各63ページ
図書館用特別堅牢製本図書

季《き》語《ご》の地《ち》図《ず》

この本《ほん》で紹介《しょうかい》したおもな季語《きご》をジャンル別《べつ》にまとめました。数字《すうじ》は出《で》てくるページです。

行事《ぎょうじ》・生活《せいかつ》

地理《ちり》

天文《てんもん》

575